長崎偉人伝

吉雄《よしお》耕牛《こうぎゅう》

原口茂樹

はじめに

はじめにことばありき。我々が使用している近代日本の礎《いしずえ》となった用語・述語の多くは、代々のオランダ通詞《つうじ》が翻訳の苦労を重ねてつくりだしたものである。オランダ通詞とは、江戸時代、長崎の出島でオランダとの貿易業務にあたっていた通訳官である。当初は翻訳しようにも、対応する用語そのものがわが国になかった。駕籠《かご》や飛脚《ひきゃく》の世界に、加速や楕円《だえん》、遠心力——といった言葉があるわけがない。そのうえに欧州の言葉はわが国の言葉と「言葉の路《みち》」が違うという嘆き。これは文法のことである。これらの問題を、代を重ねて解決していった通詞家の努力には頭が下がる。いまの英文法も国文法も通詞家の人々が解析した蘭《らん》文法がもとである。

日本史は、だれも知らない遙《はる》かな古代と、だれもが知ったうえでの虚構の共同幻想に頼る近代に歪《ゆが》みがひどい。そのつぎがここ近世の蘭学の項である。数カ国語を読み解き全国を指導する長崎蘭学が消され、当初はＡＢＣも読めなかった江戸蘭学の人々の業績にすり替えられている。これは面妖《めんよう》なことである。新しい教科書というから期待を込めて見ても、どれも相変わらず杉田玄白の腑分《ふわ》け見学会と解体新書の挿絵《さしえ》ばかりだ。

彼ら江戸蘭学の人々はアマチュア集団だったので、隔絶した技量をもつ高名な長崎のオランダ通詞・吉雄耕牛を頼りにしていた。吉雄耕牛の事績を通じて、雄弁な杉田玄白やシーボルト、福沢諭吉よりも、吉雄家、本木家などの代々の長崎通詞たちの不断の努力と積み重ねた業績が、近代日本発展の基盤をつくったことをわかっていただければ幸いである。さらに、なぜ日本だけがアジアで近代化に成功したのか、なぜ日本だけがノーベル賞がたくさんとれるのか、どうして我々は英語が下手なのか――も読みすすめれば納得されることと思う。

本稿を読むにあたっては、まず頭のなかの世界地図から米英を削除し、代わりにスペインを入力しておいて欲しい。格段にわかりやすくなると思う。十六世紀はスペインとポルトガルの時代。十七世紀はオランダ勃興と衰亡の世紀。それ以降にイギリス、アメリカが登場する。かつての世界帝国はスペインで、兄弟国ポルトガルの言葉が東洋の国際語だった。オランダはスペインからの独立戦争を戦い抜き、スペインから得た富を元手に欧州を代表する大国・文明先進国となった。日本がオランダから文明輸入をおこなったのは正道である。当時のイギリスは、国力も文明力もオランダより劣っていたのだ。長崎のオランダ通詞は文明輸入の尖兵《せんぺい》。その代表といえる吉雄耕牛がどのように活躍しどのように消され忘れられていったか、彼の一生にともに迫っていきたい。

さて、蘭学の起こりといえば杉田玄白と前野良沢。ついでこのふたりから「玄《げん》」の字と「沢《たく》」の字を一字ずつもらった大槻玄沢《おおつきげんたく》。この三人が名高い。江戸蘭学の三人男である。オランダ通詞吉雄耕牛《よしおこうぎゅう》はこの三人の師であった。耕牛は、オランダ語のできない杉田玄白には江戸参府《さんぷ》のたびに専《もっぱ》らオランダ外科について話した。二度までも長崎に習いに来たもっとも熱心な弟子である前野良沢には、帰りに『ターヘルアナトミア』と呼ばれる解剖書と辞書を持たせた。大槻玄沢には長崎で半年教え、吉雄邸のオランダ座敷でオランダ正月という宴会行事を体験させた。玄沢はその後、この行事を江戸に帰って模倣し、「新元会」と称して子の大槻玄幹《おおつきげんかん》に引き継ぎ、四十四年間つづけた。

江戸時代の奇才として名高い平賀源内《ひらがげんない》は、とくに一七七〇年の来崎のときは吉雄邸に長逗留《ながとうりゅう》して西洋の技術技法をいろいろと習った。エレキテルについて習ったのもこのときだろう。しかし長崎でのことはいっさい著《あらわ》していない。画家の司馬江漢《しばこうかん》はいろいろと書き残してくれているが、吉雄邸で習った天文や地動説についてはなぜか口を閉ざしている。そのほか、江戸時代を代表する大思想家の三浦梅園《みうらばいえん》以下、十八世紀の有名人たちが、ぞろぞろと長崎の吉雄邸の門をたたいた。舶来《はくらい》の家具と珍品で飾りたてられた吉雄邸のオランダ座敷は、異国風の「観光名所」だったのである。

観光とは「その光を観《み》る」の意味で、本来は旅先で優れた人物に出会うことをいう。転じてその地の美しい風景を見ることをいうようになった。長崎に行き、吉雄耕牛に会って学ぶことこそ、当時の知識人の観光といえただろう。しかし国に帰ると、だれしもオランダカピタンから直接話を聞いたようにいいたがるものである。そのため耕牛の人物像は、南氷洋の氷山のようにその本体の九割が隠れている。本編では水上に現れた一割の部分を論じてもって耕牛の全体像を考えていきたいと思っている。

吉雄耕牛は吉雄流外科を築きなおした当代きっての医師でもあった。さまざまな分野の訪問者にも、患者に対するように、数多い知識の薬棚から相手の興味質問に合わせた引き出しを開けて指導する。客好き、人間好きは、動植物にまでおよび、庭も異国の植物や動物で溢れていた。これは耕牛の父・吉雄藤三郎《よしおとうざぶろう》が「御用生類方《ごようしょうるいかた》」（将軍注文の生き物係)だったことにもよるだろう。父を鍛えた先輩通詞が今村源右衛門《げんえもん》英生。英生は最下層の「内通詞《ないつうじ》」からトップの「大通詞《おおつうじ》」にまで、実力で登りつめた通詞界の太閤秀吉である。将軍吉宗と新井白石の通訳として活躍した。とくにイタリア人宣教師シドッチ尋問の際は、猛勉強したラテン語で対応した。新井白石の名著『西洋記聞』は、並みの通詞の力ではできなかった。今村の語学力あっての作品である。

今村英生を名通詞に鍛えあげたのは、オランダ商館医ケンペルである。ケンペルは出島に赴任した三人の優秀な学者「出島三学者」の筆頭で、名著『日本誌』を著した。この一部がのちに耕牛の下僚の志筑忠雄《しづきただお》が訳した『鎖国論』である。「今村英生には翻訳を手伝わせるべく文法から仕込んだ」とケンペルが書いている。師へのお礼なのか、今村英生はケンペルに、ご禁制の品をいくつも渡すという危ない橋を渡っている。

出島三学者中二番目のツンベリーは、吉雄耕牛を通じて、ご禁制の品を手に入れた。ケンペルもツンベリーも学問のための善意のスパイだったといえよう。その手先となった通詞の今村英生や吉雄耕牛は、危ない橋を渡ったが上手に切り抜けた。ついで三学者の最後のシーボルトは、オランダの国策経済スパイといえるが、やり方がまずくシーボルト事件を起こし、のちに耕牛の子や孫が連座して処罰されることになる。

耕牛の持つずば抜けたオランダ語の力は、父を経由したケンペル、今村譲りの文法が基礎にあるのだろう。あるいは少年のころ、直接学んだ機会もあったかもしれない。父と先輩、代々の出島商館医とカピタン。これらの人々から耕牛は鍛《きた》えられ、十四歳で稽古通詞《けいこつうじ》、十九歳で小通詞《こつうじ》。そして通常は五十歳過ぎでなる大通詞《おおつうじ》に、わずか二十五歳でなってしまった。一七四八年のことである。このころ吉雄定《さだ》次郎（耕牛）の名乗りを幸左衛門《こうざえもん》に替え、のちには幸作《こうさく》を名乗る。諱《いみな》は永章。耕牛は号である。別に養浩斎。たいていコウという読みがはいっている。本稿はできるだけ、いちばん有名な耕牛でとおしている。

日本の近代科学の基礎を築くことになるオランダ通詞団の活躍と、その総帥・吉雄耕牛の一生に迫るにあたっては、まず、彼らを生み出した長崎の町、また長崎の町を生み出した大航海時代から説かねばならない。

もくじ

第三章　オランダ座敷訪問列伝……83

序章

世界との架け橋オランダ通詞

オランダの登場（海上覇権国の交代）

十六世紀のはじめ、ポルトガルとスペインは、地球の分割協定をおこないつつアジアに現れた。旧大陸側を得たポルトガルは、インドのゴアからマラッカ、中国のマカオ、日本の九州へと進出。新大陸側を得たスペインは危険な南米回りを避け、メキシコやパナマを横断して太平洋岸のアカプルコで造船をおこない、グアム島経由でフィリピンに渡り、東洋の富を持ち帰るコースをつくった。巨大なガレオン船（武装商船）は、木材が豊富で人件費が安いフィリピンで多数建造された。日本の朱印船もシャム、今のタイ国でつくられることが多かった。現在、世界の企業が東南アジアに進出して安く製品をつくっているのと同じ構図である。

マカオ、日本などはポルトガル圏になるので、当初スペインは乗り入れない協定になっていた。その後、一五八〇年にスペイン国王がポルトガル国王を兼任するようになったので、フィリピンからスペイン系の過激な宣教師たちが乗り込んでくることとなる。

フィリピンからメキシコへの帰りは、黒潮に乗って太平洋を北回りで帰る。このコースは、台風にあうと日本列島に打ち上げられるのが難点だった。巨大ガレオン船サンフェリペ号は土佐（高知県）に打ち上げられ、秀吉から積み荷を没収された。そのとき、航海士が「我が国は、キリスト教を広めてからその国を占領する」という宗教侵略の方法を語ったという。事実かどうかについては諸説あるが、キリシタン弾圧の引き金になった。

つぎに難破して関東の砂浜に打ち上げられた有名人が、フィリピン臨時総督ドン・ロドリゴ。彼が一六一〇年五月三日、豊後の臼杵《うすき》からスペイン国王に送った手紙を読んでみよう。（筆者簡約）

このような広大で栄えた国（日本）をスペインのものにするにはどうすればよいか熟考しましたが、武力によっては無理です。日本が遙かに遠い国だからではありません。たとえ近かったとしても、民の数が多く城郭が堅固なので攻略できません。武力による占領が無理であれば、我らの主なる神の福音《ふくいん》宣伝の方法によって、彼らがスペイン国王に仕えることを喜ぶようにもっていく。これしか方法はありません。

（『ドン・ロドリゴ日本見聞録』史料による日本の歩み近世編　吉川弘文館）

葡萄牙船入港ニ付長崎警備図
（長崎歴史文化博物館蔵）

アステカやインカを滅ぼし、フィリピンを占領しているスペインは危険な国である。幕府の老中ならずともキリスト教を禁じないわけにはいくまい。ポルトガル系イエズス会の布教は、まず大名を改宗させてから家臣、民衆へと下へ広げるトップダウン戦略型。スペイン系のフランシスコ派などは、まず大衆からはじめ、それから上を目指すボトムアップ戦略型。過激、革命的で危険であった。この過激なスペイン系が最初に処刑されていき、マイルドなポルトガル系が巻き添えをくったかたちだ。しかし、ポルトガル系イエズス会の文書にも似たようなものがあって、しょせん同じ穴のムジナである。

　宗教による間接侵略の危険を感じた秀吉と家康は、しだいにキリスト教を禁じていき、その後の島原の乱が鎖国政策を決定的なものにした。いまでは、島原の乱はただの百姓一揆で、幕府のキリシタン弾圧はまちがいであるとされているが、幕府の立場に立って考えれば、カトリック諸国は侵略をおこなう敵国に見えたにちがいない。耕牛の仕えた出島商館医ツンベリーも「ポルトガル人はその高慢さゆえにこの国から放逐された。貪欲さ、高慢さがみずからを転落させたのだ」といっている。

さいわい、新興国のオランダは、なんでもいうことを聞くから日本と貿易したいとの意向である。この際、危険なスペインとポルトガルは切っても、海外の必要品は輸入できるという判断に至った。無理もないことだ。幕府は、宣教師やキリシタンを随時長崎に集め、順に追放していき、最後に民の海外渡航を禁止した。オランダからは風説書（ニュース）を提出させて、スペインとポルトガルによる再侵略計画を事前に探知するよう努めた。風説書翻訳の内容は日本国の興廃を左右するので、けして誤りは許されない。翻訳担当のオランダ通詞は、最前線の諜報局員だったといえる。

当初、幕府は鎖国しているつもりはなかった。貿易は必要である。布教をおこなわないプロテスタントのオランダ、イギリスがあれば、宗教侵略をおこなうカトリック諸国のスペインとポルトガルをたたき出すことができる。イギリスが手を引き、オラ

蘭船入港の図

ンダが残ったままでのことである。のちの幕末期にロシアその他の国々の船を追い返すのに、鎖国が祖法のようにいっただけなのだ。

スペインの領地として資本を受けて栄えていたオランダは、叛旗をひるがえして独立。十七世紀には、世界の貿易と科学をリードする全欧州の代表国となった。長崎での貿易用語は国際語であるポルトガル語だったが、徐々にオランダ語に移っていった。それでも商館長をカピタンと呼び、ブリード（ブレッド）を「パン」と呼ぶなど、ポルトガル語も多く残っていた。

オランダが勝ち残ったわけは、その徹底した商人根性にもある。少し書き並べてみよう。

・幕府のいうことはなんでも聞きます。絵踏みもします↓実際は免除
・江戸城では、這《は》いつくばって拝礼。芸もします↓欧米では屈辱
・死者が出ても海に捨てます↓のちには稲佐地区へ土葬
・船員たちは船から出しません↓幹部以外は上陸禁止
・命を受ければキリスト教徒の城を砲撃します
↓島原の乱の折、原城を海上から砲撃。大いに幕府の信頼を得た
・大砲も火薬も舵《かじ》も帆も降ろして、預けます↓のちには簡便に
・出島から許可なくしていっさい外には出ません↓結構、許可をもらってる
・命ぜられたとおり、カピタンは一年交代に致します↓おおむね遵守《じゅんしゅ》

それから告げ口外交。これは日本貿易独占のためだが、真理も含まれている。
・ポルトガル・スペインは宗教侵略が得意です。
・イギリスはポルトガルの王女と結婚したので彼らの一味です。

・ロシアは悪い国で日本をねらっています。

オランダ船の海賊行為

このように幕府に対する絶対恭順の平和的オランダではあるが、そのうらでは生糸や日本銀を積んだ数多くのポルトガル船を、オランダ東インド会社の名のもとに、海賊のように襲っていた。たてまえは、スペインからの独立戦争であるが、ポルトガル海上帝国を追いつめるオランダ海上帝国といった感じである。

関ヶ原の戦いがおこなわれた一六〇〇年にオランダ船リーフデ号が豊後に漂着。生き残った者は半死半生で、歩ける者はわずか六人であった。このとき、長崎のポルトガル人宣教師たちはなんといったか。「彼らは悪魔ですからすぐ殺してください」と陳情したのである。隣人愛はどうしたのか。もっとも、交易のポルトガル船を、オランダ船が片っ端から襲っていたので、悪魔も当たらないではない。幕府もポルトガル船襲撃を奨励していたが、一六四一年には、「宣教師を乗せた船は日本船であっても拿捕《だほ》してよい、それは忠節である」と江戸で告げている。ポルトガルは、マカオこそ守り抜いたものの、香料諸島、マラッカ、セイロンと順に奪われていき、失われた船は百五十隻以上。南方の海はオランダの海となった。

地球の反対側のカリブ海で、新大陸の銀を積んだスペイン船をイギリス系の海賊船が襲っていたことはよく知られている。カリブの海賊として、文学や映画や遊園地のモチーフになっているからだろう。大航海時代は大海賊時代である。真面目な学者が大航海時代についての研究をまとめたら、海賊の本になってしまったという実話がある。商業船とはいっても、チャンスがあれば海賊に早変わりするのが西洋人の常である。日本では秀吉の海賊停止令により姿を消したが、西洋では私掠船《しりゃくせん》として延々と十九世紀のパリ宣言までつづく。映画の「スターウォーズ」でも、主人公たちの乗る海賊宇宙船は運送船を改造したとの設定だ。SFで宇宙空間に至ってもなお欧米では、民間船と海賊船との違いがあいまいである。

こうしてスペインとポルトガルに代わって世界の貿易を制したオランダであるが、十七世紀後半に三度にわたって繰りひろげられた蘭英戦争に敗れ、覇権を失う。敗戦の原因のひとつは、敵国イギリスにも、もうけのためなら物資を売ったためだという。後進国イギリスは、女王のもと挙国一致で戦った。こうなると商人根性も考えものである。欧州中央の大河ライン川の河口に栄えた商業国家オランダ。この国の商売第一という考え方は、日本列島中央の淀川河口に栄えた大坂商人の考え方にどこか似ているところがある。

海軍は一度失うと再建が難しいので次頁の図のようにトーナメントで表せる。ポルトガルからはじめ、順に線をなぞって海上制覇国の盛衰を読み取って欲しい。スペインは底力があるので何度も出てくる。イギリスは海賊を司令官に据えることもあって強い。近代もつくってみたが、日中露はどこが勝ち進んでも決勝はアメリカとなので、歴史の推移はそう変わらない。

大航海時代トーナメント図

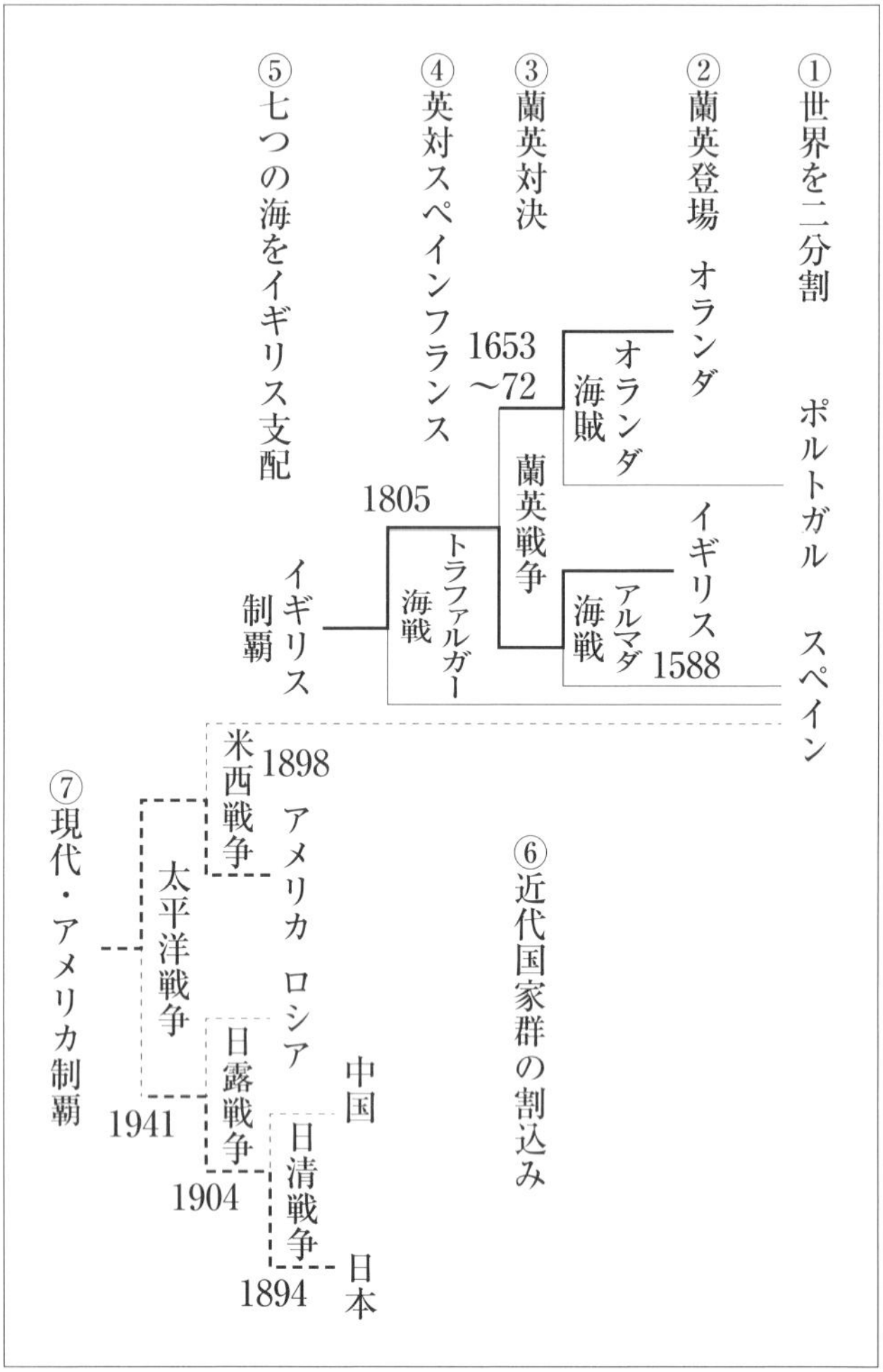
①世界を二分割
ポルトガル
スペイン
②蘭英登場
オランダ
イギリス
オランダ海賊
アルマダ海戦
1588
③蘭英対決
1653〜72
蘭英戦争
④英対スペインフランス
1805
トラファルガー海戦
⑤七つの海をイギリス支配
イギリス制覇
⑥近代国家群の割込み
中国
日本
日清戦争
1894
ロシア
日露戦争
1904
アメリカ
米西戦争
1898
太平洋戦争
1941
⑦現代・アメリカ制覇

十七世紀の南方の海

ポルトガルの海からオランダの海へ

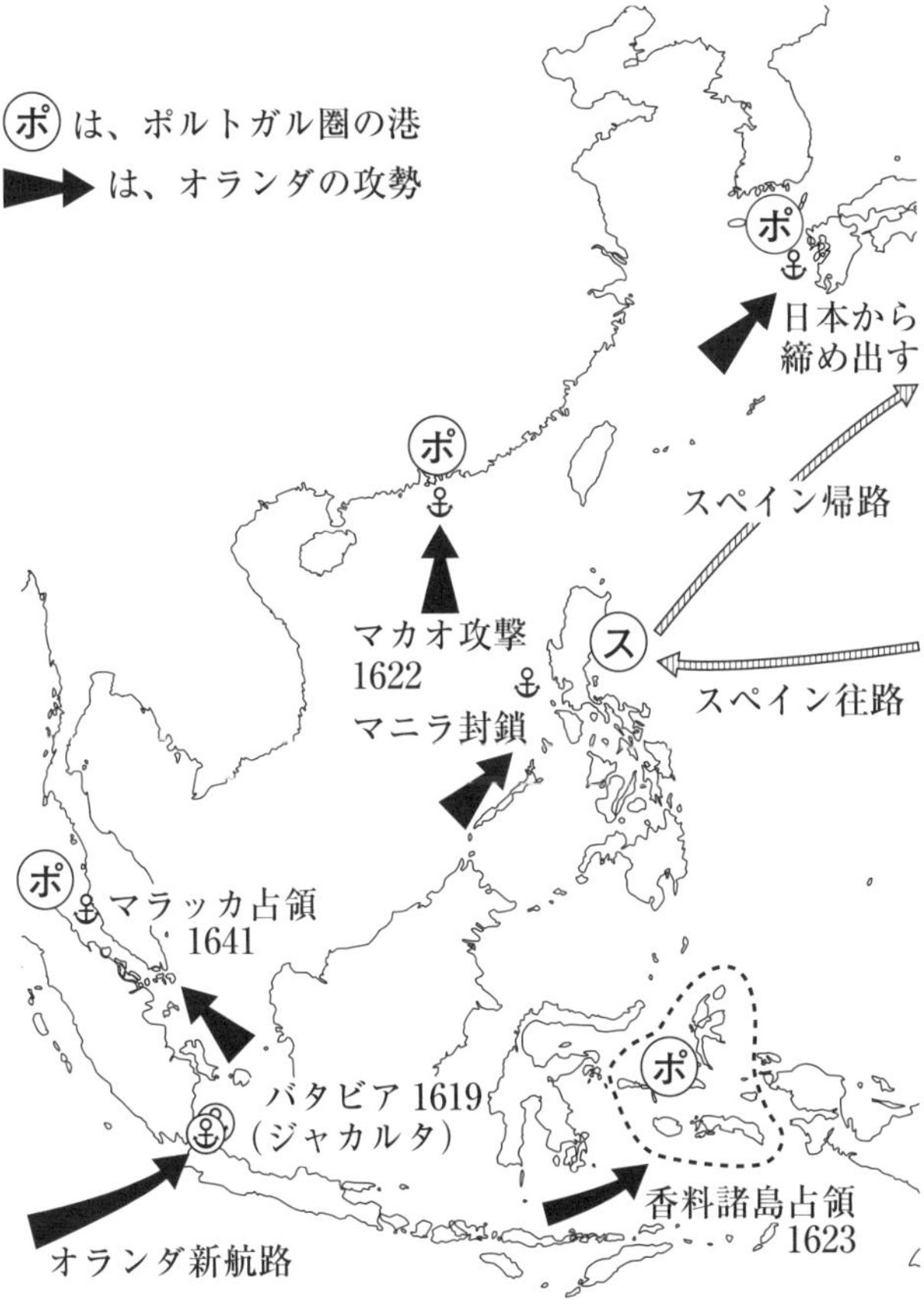

埋め立てで広がる長崎の町

黒い崖マークが戦国時代の海岸線。長い岬であった。地図のなかの①〜⑤の番号は、そこに置かれた施設建物の変遷である。戦国時代は岬尖端のみが町。軍勢三百を動かすミニ戦国大名の長崎氏は地図の右上の桜馬場城。城下町も持っている。有馬氏と大村氏に両属している。戦国の戦いがおこなわれたのは、現在の桜馬場中学校、桜町小学校、諏訪神社下、西坂などである。

その後、出島、新地の人工島がつくられ、周辺の低湿地が埋め立てられて長崎の外町となった。むかしからの岬町が内町である。

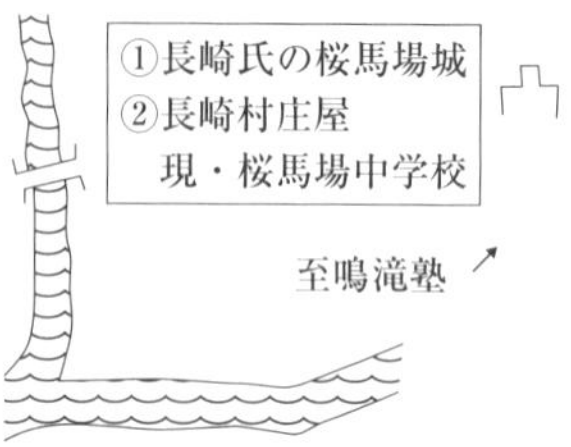

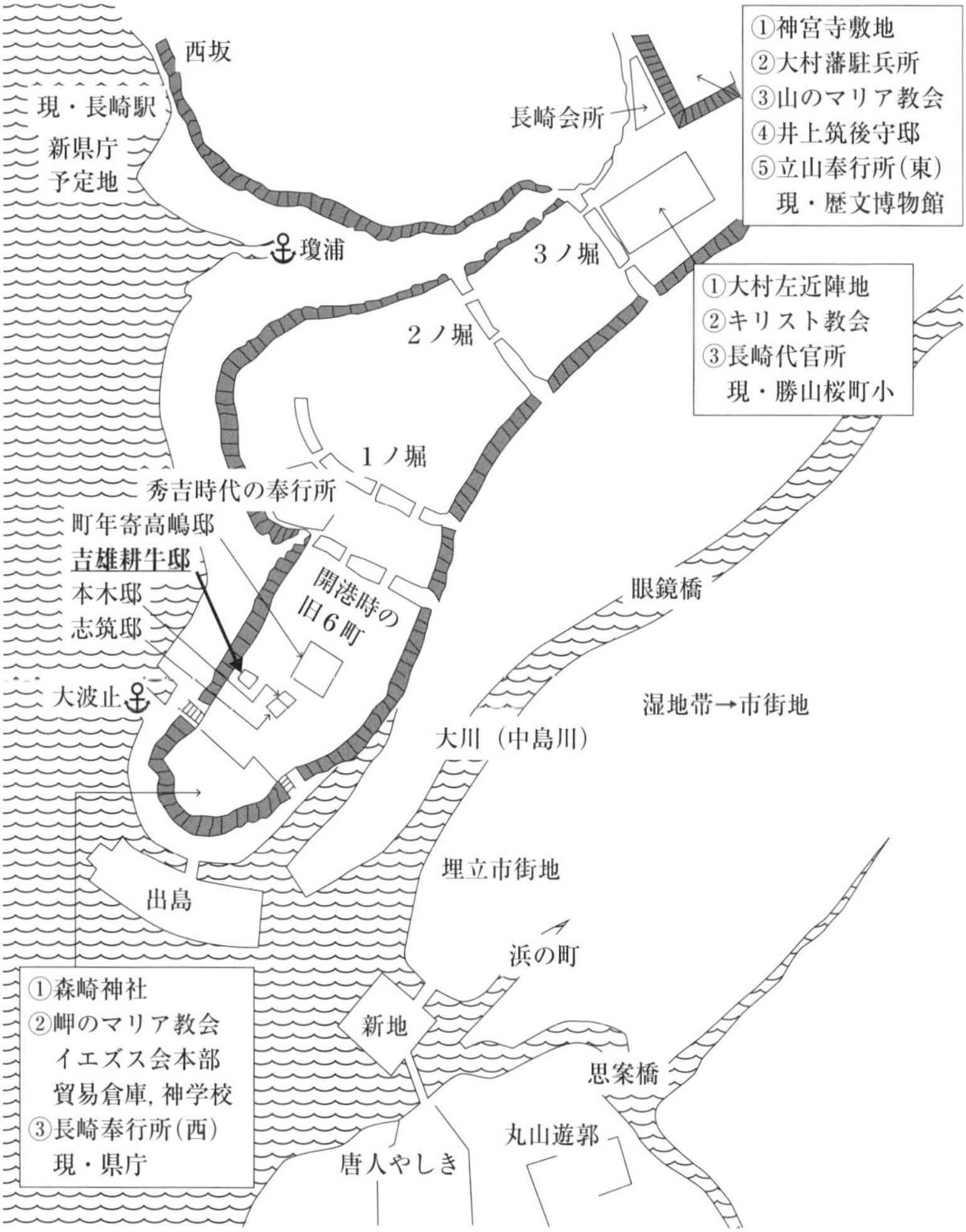
①神宮寺敷地
②大村藩駐兵所
③山のマリア教会
④井上筑後守邸
⑤立山奉行所(東)
現・歴文博物館
西坂
現・長崎駅
新県庁
予定地
長崎会所
瓊浦
3ノ堀
①大村左近陣地
②キリスト教会
③長崎代官所
現・勝山桜町小
2ノ堀
1ノ堀
秀吉時代の奉行所
町年寄高嶋邸
吉雄耕牛邸
本木邸
志筑邸
開港時の
旧6町
眼鏡橋
大波止
湿地帯→市街地
大川（中島川）
埋立市街地
出島
浜の町
①森崎神社
②岬のマリア教会
イエズス会本部
貿易倉庫, 神学校
③長崎奉行所(西)
現・県庁
新地
思案橋
丸山遊郭
唐人やしき

第一章

オランダ通詞の職務と吉雄家

南蛮口《なんばんぐち》（ポルトガル語）から阿蘭陀口《おらんだぐち》（オランダ語）へ

　そのむかしの戦国時代、長崎は日本初のキリシタン大名・大村純忠《すみただ》の配下、長崎氏の領地だった。一五七〇年、大村純忠は長崎港のなかに突き出した岬に六つの町からなる港町を築き、ポルトガルと貿易をおこなった。のちにイエズス会に寄進したので、長崎は、ゴア、マラッカ、マカオのようなポルトガル風の要塞《ようさい》町となった。教会領なので町民全員がキリスト教。町に出入りする業者も首から十字架を下げていたという。国際結婚も多く、子どもから大人までだれもが外国語を話せ、なかでも国際語であったポルトガル語には通訳（通詞）はいらなかった——と、長崎学の権威である古賀十二郎《じゅうじろう》氏は書いている。

　その後一五八七年に秀吉の領地となっても、岬先端の教会には、イエズス会本部と神学校が並び立ち、貿易と教育と、医療を含めた布教の根拠地であった。定時に自動で鐘々が鳴りわたる時計塔がそびえ、パイプオルガンが響く神学校では、ラテン語から日本古文まで教えられていた。香り高い洋酒や甘い南蛮菓子も布教の手段だった。貿易に関しては、ヨーロッパで大人気の胡椒《こしょう》は日本ではさっぱり売れず、中国生糸《きいと》に大きな需要があった。イエズス会の教義には「清貧《せいひん》」もあるので、ときに反省して

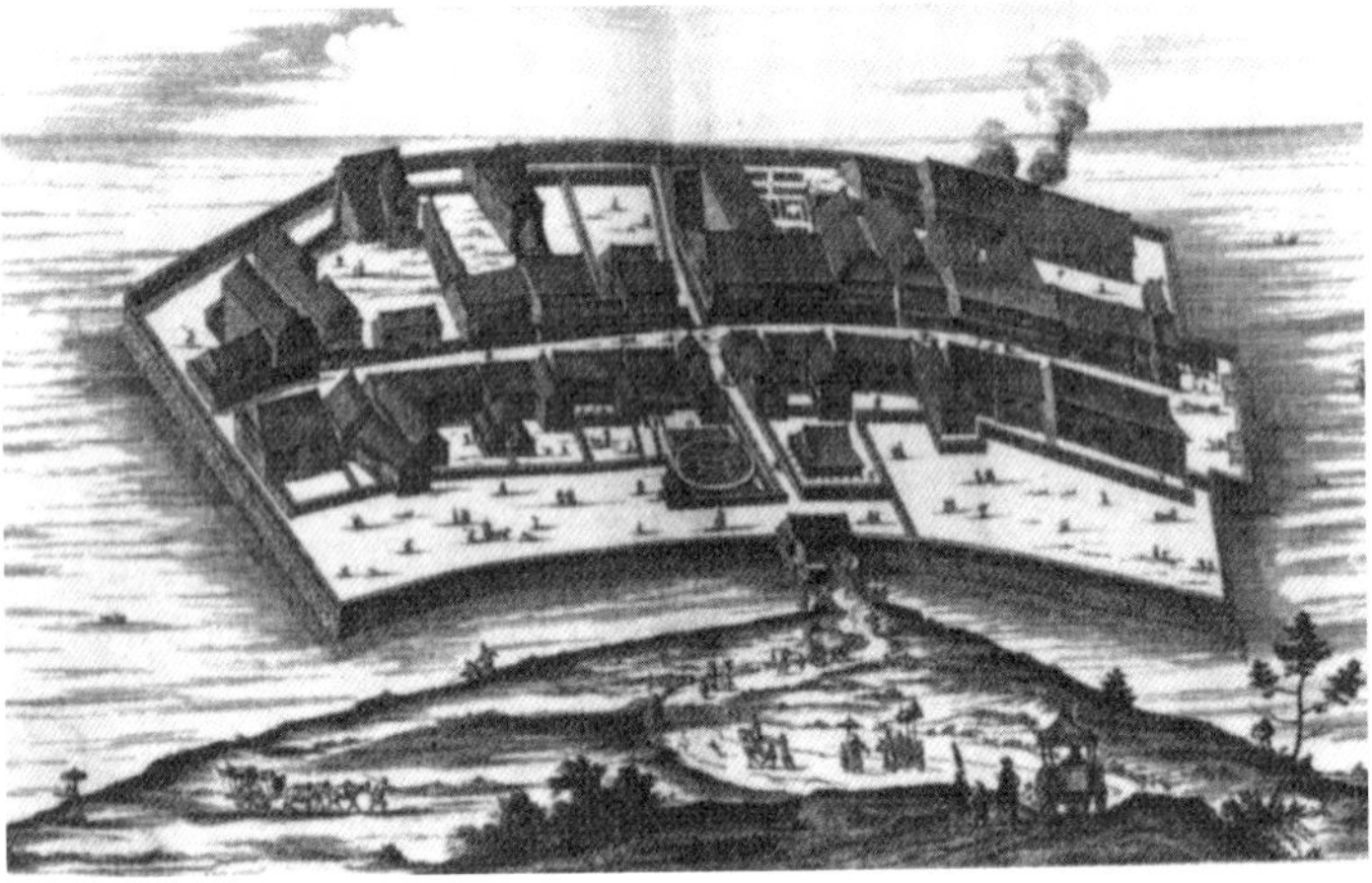

17世紀の出島図（モンタヌス『オランダ東インド会社日本遣使録』所収）

貿易業務を中断することもあった。しかしすぐに再開、パードレもイルマンも来世《らいせ》の救いを説きつつ、現世での儲《もう》けにも忙しかった。

江戸時代となり、やがて教会は壊され、敷地内の生糸貿易センターは、そのまま糸《いと》割符《わっぷ》会所、のちに奉行所となった。しかし教会を壊しても、今度は町中のポルトガル商人の家々が隠れ教会となり、キリスト教がやまなかった。

そこで今度は、岬先端の海を有力町人二十五人に命じて埋め立てさせ、ポルトガル商人たちをここに隔離することにした。一六三六年のことである。岬の形状にしたがって埋め立てたので扇型になった。これが出島である。広さは四千坪弱、小学校ひとつ分くらいの敷地である。埋め立て費用は銀二百貫《かん》。貸し賃は年八十貫。のちに値下げして五十五貫。おそろしく高くて、毎年千両箱ひとつが家賃として飛んでいく計算である。現代の貨幣価値に換算すると一億円を超すだろう。

ここは自由な出入りのできない、三方に見張り所のある牢獄でもあった。ここにポルトガル人をいったん収容はしたものの、島原の乱の結果、追放した。長崎の町人たちは、せっかく造成した出島の貸し料も取れず、貿易も途絶え、長崎の町は死にかけた。そこで一六四一年、幕府は貿易を継続していた平戸オランダ商館を長崎出島に移すことを命じ、平戸松浦氏は泣く泣くオランダ商館を手放した。引っ越しするオランダ様ご一行に加わり、肝附《きもつき》、名村、西、志筑《しづき》、本木、横山、猪俣、石橋といった通詞たちがついてきた。一般には商館雇《やと》いの町人とされているが、のちの平戸藩主松浦静《せい》山《ざん》は「我が家の家来どもであった」と書いている。

江戸初期の貿易用語は国際語であるポルトガル語がまだ必要なため、通詞は両国語が話せなければならない。商館雇いの通詞ではオランダ側に有利な通訳しかしないので、幕府側の地役人として雇いなおし、日本側に有利な貿易折衝《せっしょう》ができるようにした。

身分は町人である。岬先端の旧六町、ポルトガル商人団が出て行った街に平戸の通詞団がはいり込んだ。この平戸組通詞団でも人数が不足したため、長崎の町から新たな通詞団が選ばれた。今村、加福、茂、楢林《ならばやし》、中山などである。通詞団が不足したのは、日本語学習が禁じられたことにもよるだろう。生活の全場面を通詞の世話になるので、平戸時代よりも多数の通詞が必要になる。

オランダ通詞団の組織と仕事内容

通詞団の基本は、四人の大通詞《おおつうじ》とその下に四人の小通詞《こつうじ》。さらにその下に、十数名の小通詞並や稽古通詞《けいこつうじ》がくる。のちに通詞団すべてのトップとして通詞目付が置かれるが、給与は大通詞の半額で、どちらかといえば名誉職である。ここまでが士官待遇。百二十名くらいの多数の内通詞は、小頭《こがしら》が下士官、あとが兵隊といったところだ。会社や学校でいえば、大通詞が部長か教授。小通詞が課長か准教授。稽古通詞が係長か講師、内通詞が平社員か学生といったところだ。違うのは、内通詞の身分はきわめて低く、基本、出世ができないところだ。

このように通詞の世界は家柄であるが、同時に語学の実力社会である。オランダ大通詞などは、語学のきわだった実力と、行政の力がないと務まらない。それで通詞の世界は養子が多く、実子で三代つづくことはまれである。語学ができそうな子を養子にもらって家を継がせるのだ。封建制とはいいながら実力主義の世界である。それで多くの名門通詞の家は、株のようになっている。私などがオランダ通詞の家に生まれたなら、親は嘆いてすぐに別に養子を取って跡を継がせたことだろう。

オランダ通詞より、貿易額の大きい唐通事のほうが給与も社会的地位も高い。職名も「通事」といえば外務全般をつかさどるが、「通詞」は言葉をつかさどるだけである。それでも格式はオランダ通詞のほうが高いとされているのは、カピタンの江戸参府に随行して江戸城に登城するからである。身分は町人なので、帯刀は基本一本差し。二本差しの正装が許可されることも時代と場合によってあるようだ。出島商館医のツンベリー曰《いわ》く「すべての地役人並びに身分の高低にかかわらず、幕府の役人は二本差しである。通詞は一本だけだが、検使（役人）は二本差しである。通詞はまっさきに船に乗り、最後に降りる」

町乙名《おとな》たちの、「どうか帯刀《たいとう》（二本差し）を許可してください」といった請願文書を見ると、帯刀への憧れが大きいことがわかる。かといって長崎は町人の町で、剣道場の話は聞いたことがない。武蔵多摩《むさしたま》の農民たちは、日夜剣術修行にあけくれて新撰組となったのに。長崎町民の帯刀願望は、あくまで身分の象徴。町内の人々と、応接する外国人への見栄《みえ》であろう。

通詞の日常業務

まずは業務の基本となる語学修行であるが、これは家学で、子どものころから家庭でみっちり仕込まれる。少年になると出島に出入りしての語学実習もできる。一人前になっても出島での実習はおこなえるが、時代により多少異なる。

日常業務を季節ごとに追って見てみよう。南風の吹く初夏のころ、異国船発見の報を受けると、臨検担当の沖出役通詞は、検使（任務を帯びた役人）とともに漕ぎ出し、異国船が前回の打ち合わせどおりのマストの場所に、打ち合わせどおりの旗を掲げているかどうかを確認。これをもってオランダ船と判定する。これを「旗合わせ」という。そしてオランダ語で話しかけて確定、さらに乗り込んで、もういちど厳密な旗合わせをおこなう。やり方は時代によって違う。提出された名簿を見ながら、乗組員ひとりひとりを点呼、照合する。この点呼は抜け荷や密入国を防ぐために入港、貿易業

「長崎古今集覧名称図絵」銅掛改請取の図

務のあいだは毎日おこなわれるという。これらのほとんどの乗組員は上陸が許されないので、じつに気の毒である。

つぎにオランダ船は港内に引き入れられ、武装解除がおこなわれる。帆や舵をはずし、はじめのころは大砲も陸揚げしていたという。あまりに大変なので、そのうち火薬だけになり、取りはずす部材も減らされていった。

通詞団は重要書類の運搬。すぐに最新ニュース（風説書）の翻訳にかかる。できあがった和文を長崎奉行所を通じて幕府へ送る。積み荷は少しずつ移され、荷《に》改《あらため》役通詞が積み荷を改める。一度に荷物を下ろすとオランダ船は転覆するので、バラスト

（重し）となる輸出銅を積み込みながら時間をかけておこなう。そのつぎは本番の貿易交渉とその記録。これの担当を「直組方通詞」と呼び、激務である。価格交渉は時代によって違う。一括買い入れの場では、できるだけ安く買おうとする長崎会所側に立っての難しい交渉となる。あとはオランダ人の公私にわたる用向きのお世話、毎日の帳簿処理などである。

江戸番通詞と年番通詞

オランダ大通詞の大きな仕事は、その年度の責任者である「年番通詞」と、「江戸番通詞」である。四人ずつついる大通詞・小通詞が、コンビを組んで輪番で取り組む。

カピタンの江戸参府をつかさどるのが「江戸番通詞」。総指揮は、長崎奉行に代わる「検使」（任務を帯びた役人）であるが、江戸番通詞が、出発の準備作業からはじめ、旅行中のあらゆることに気を配る。オランダ商館に代わってすべての費用を支払う出納係でもある。出島のオランダ料理人ふたりと数名の書記をつねに先行させ、宿泊準備をおこなわせる。オランダ人たちの直接の世話は六名ほどの内通詞。オランダ医師や書記官の移動は初期は馬で、のちに駕籠《かご》。駕籠はあの大きなオランダ人が「無理すれば寝ることもでき、小さな書棚もあって、じつに快適だ」と書き記している。出島に置かれている模型では、検使の役人とカピタンは大きな駕篭、小通詞の駕篭は小さめだ。瀬戸内海は船旅で、江戸での定宿を長崎屋という。

　将軍家へのさまざまな配慮、献上物の梱包《こんぽう》、運搬、贈呈。殿中でのオランダ人の拝礼のお世話。オランダ歌やオランダ踊りも恒例である。通詞の本木良意は、一発芸を所望されて当惑するカピタンらに代わって、殿中でオランダ舞を舞った。どのような踊りかはわかりかねるが「褒美《ほうび》に御紋付きの破魔弓《はまゆみ》をもらった」とあるので上手だったのだろう。本木良意は、のちに『和蘭全軀《オランダぜんく》内外分合図』と名付けられる翻訳解剖書を著した名通詞である。つくられたのは一六八一年ころ。なんと解体新書が出される九十年近く前であり、その翻訳内容もさほど劣るものではない。転写に転写を重ね、その筋では人気の書物であった。このほか、オランダ人たちの公私にわたるお世話。夜には押しかけてくる江戸の蘭《らん》学者、本草《ほんぞう》学者たちへの応接など、寝る暇もなかったのではなかろうか。

　いっぽうの「年番通詞」は、オランダ通詞職全体のその年の責任者である。役料も江戸番通詞よりはるかに高く、この仕事が回ってくる年は給与が二倍にはなる計算だ。

しかし、風説書《ふうせつがき》作成から全通詞職への給与配布事務に至るまでの、あらゆる重要な雑用が押し寄せる大役である。どちらの当番業務も凡人なら三日と務まらない――と書いて確認のために『年番通詞日記』を再読してみると、貿易事務の閑《ひま》なときには結構三連休がある。この時期ならだれでも務まるか。いやいや耕牛などはひっきりなしにお呼びがかかる。このあたりは、通詞個人の語学実力にもかかわるようである。

長崎の町の経営

こうしてできあがっていった長崎の町の仕組みを、経理面からながめてみよう。幕府が長崎貿易を独占してゆくにつれて、長崎の町民はしだいに貿易権を奪われ、社会保障が必要となった。幕府は多数を地役人《じやくにん》として再雇用し、糸割符会所の後身の組織である長崎会所から給与を与えた。受用銀という。のちに会所から町民に年に二回配られる箇所《かしょ》銀、竈《かまど》銀も一種の社会保障に思える。普通、税金は上から取られるものなのに、長崎では上から配られる――とむかしからうらやましがられているお金である。家持ち町人に与えるものを箇所銀、借家人に与えるものをカマド銀という。

人口三万を超す長崎の政治は町年寄《まちどしより》に委任されており、長崎奉行はその上に乗るかたちである。長崎奉行は二十五名ほどの部下を引き連れ、遠い江戸から赴任する。奉行所には地方《じかた》の要員が四十名ほどいる。合わせて七十名近くの兵がいることになるが、半数はホワイトカラーの事務要員。残りも警察要員で、純然たる国防の兵士とはいえない。基本、町人ばかりの町なので武士は少ないのだ。戦える兵力としては、奉行本人もいれて五十名弱。一隻でも百名以上が乗っている南蛮船紅毛船には対抗できない。それで近在の大名に命令して五～六万の大軍を動かせるが、急場には間に合わない。それで通常は、近くの佐賀藩と福岡藩が交代で兵千人を出して守っている。しかし耕牛没後八年目、一八〇八年のフェートン号奇襲のおりは当番の佐賀兵が不在だったので、奉行の松平康英は切腹した。のちに反省した佐賀藩は通詞に学びながら工業を興し、幕末にはペリー艦隊とも互角に撃ち合える砲台を建設していた。

江戸時代前期の貿易による利益は、おおむね十四万両程度といわれる。半分を幕府へ上納、残る半分を町の運営資金としていた。貿易額を減らした一七一四年（正徳四）からは五万両の定額上納。不況で免除してもらった年もあるが、町の運営資金のほうは、なんとか確保された。以下、幕末の『慶応元年明細分限帳』（越中哲也編・長崎歴史文化協会発行）をおもな参考史料として、耕牛の生きた江戸中期の給与を考えてみよう。

長崎奉行の役料は四千俵であるが、町民からの付け届けが多額で、毎年、銀七十貫にのぼる。銀一貫を二十両とすると、小判にして千四百両である。

以下の職は、すべて地元の長崎会所からの銀での支給になる。地元組でトップの長崎代官は四十五貫。町の周辺部と近郊の村を受け持つ。町年寄は当初四家あって交代で町を治めていた。この幕末期の史料では、どの家も基本役料は三十貫に満たない。唐人は長崎奉行を長崎王と呼び、オランダ人は町年寄を長崎市長と呼ぶ。町年寄の下で八十の町を治めるのが八十人の町乙名《おとな》。基本世襲であるが転勤もみられる。行政では戸籍事務。軽い司法権、警察権ももっている。そのため町乙名《おとな》によっては、幕府がおおやけにしていない御定書《おさだめがき》の写しも密《ひそ》かにもっているくらいだ。

長崎地役人の給料

江戸や大坂の町の「おとな」は世話役的な感じであるが、長崎の乙名職は権力をある程度もっている中間支配者である。給料は四貫ほど。出島町乙名《おとな》のみ二十貫の高給取りである。貿易を直接おこなう長崎会所頭取は二十六貫、糸割符宿老《いとわっぷ》六人は十貫ずつ。会所目付以下数十名の地役人は八貫から一貫まで。輸入品の「目利き《めき》」（鑑定者）は、多種にわたり、端役まで含めると相当な数である。多くは三貫以下で、一貫以下も多い。日本の画壇にその名の高い「唐絵目利《からえめきき》」も、四家で一貫半ずつ。丁度平均くらいである。

現代の給料に換算すると、部課長クラスが年俸九百万円として、銀ならば四貫半・十七キロ、新任が年俸三百万として、一貫半・銀六キログラムくらいになる。西日本は銀本位なので、金より十倍重くなる。大坂を中心に早くから為替《かわせ》が発達するのは、この銀の重さもあるのではなかろうか。

長崎地役人の総計は、江戸前期で千人、幕末は二千人。給与は三千貫に達する。大多数は薄給で、長崎の町を支えるための一種の社会保障といえよう。

このなかでオランダ通詞の給与はどうだろうか。トップの通詞目付は七貫。オランダ大通詞四人は十一貫。小通詞四人は五貫前後。別に与えられる扶持米《ふちまい》は、大通詞クラスが二十五俵。小通詞クラスが十五俵である。年番の大通詞には加役の手当二十五貫がつくので、その年は四十貫近くもらえる。江戸番通詞のほうの加役手当は三貫半くらい、小通詞はすべて大通詞の半額程度である。二十人くらいの小通詞並や稽古通詞が三貫。すべて貿易の盛んであった江戸時代初期はこの二倍あったという。以上が上通詞の給与である。

この下に、正式な地役人にもはいらない「内通詞《ないつうじ》」が百二十名程度。「平内通詞」ともいい「下通詞」ともいう。内通詞小頭《こがしら》には二貫弱の手当がつくが、あとはないに等しい。どうやって生活をたてているのか、半分人足扱いなのだろうか。いまさらながらこの階層から出て、将軍吉宗や新井白石の通詞を務めた先輩通詞、今村英生の偉大さがわかる。

財力を誇った町年寄

さて、今度は武士の石高に換算してみよう。町年寄が六百石取り（領地なら千二百石）。オランダ大通詞が二百石取り、小通詞が百石取りくらいになる。これに加役の手当がプラスされると倍になることもある。武士のように石高相応の家来の数を揃えなくてもいいので、どの家も豊かだったと思われる。しかし武家の家禄とは違い、代々つづくかどうかは子どもの語学力しだいである。

町年寄たちの屋敷は広いものは千坪近くあって「豪壮、大名屋敷のごとし」と、来崎の役人や学者たちから書かれている。長崎の町年寄は十万石の大名並みの力をもち、巡回の役人にも土下座をしないしきたりである。人口でみると長崎は大大名の城下町クラスなので、さほど大げさなこととも言えない。長崎の町の歳入出額から考えると、江戸前期は五十万石、中期以降は二十万石程度の大名にあたるだろう。町年寄は輪番の城代家老といったところだ。のちに町年寄の高島秋帆が私費で一軍を組織することでも、その財力がわかる。本稿に関わる職制のみを簡単に示せばつぎのようになる。

長崎奉行（長崎王）
- 長崎代官
- 町年寄（輪番の長崎市長）
  - オランダ大通詞→小通詞→稽古通詞→内通詞
  - 町乙名（各町を治める）
    - 町民

以上で長崎の町のしくみとオランダ通詞の仕事内容がつかめただろうか。長崎は貿易で生きる町である。したがって世間の関心はオランダ貿易、唐貿易であるが、そのつぎは医術。とくにオランダ外科への関心が高かった。出島では実際の診療やたまには手術にも立ちあうことができるので、経験を積んだ通詞で、やめて医者になる者も結構いる。通詞をしながら医業をおこなう者もいる。本編の主人公である吉雄耕牛も通詞兼医師であり、祖父の吉雄寿山《じゅざん》は通詞をやめて医業に専念した人である。

肝附《きもつき》―吉雄、前三代について

時代を十七世紀はじめに戻して「阿蘭陀通詞由緒書」から吉雄家の先祖を訪ねてみよう。もとの姓は肝附《きもつき》で、オランダ商館とともに平戸から長崎へと移った。移住後の三代目のときに通詞を中断し、医業に専念。名前も肝附から吉雄《よしお》へ変え、吉雄寿山《じゅざん》と名乗った。芸術文事に優れていたそうである。吉雄とは、中津出身の妻の姓だろうか。改姓の理由は、長崎学の大家・古賀十二郎にもわからないという。寿山の次男金次郎は毛利家（山口県）の典医となり、地元で医業を継いだ長男の寿英は早世したとの説がある。これが本当であれば、跡継ぎを亡くした寿山が、残る娘に、通詞の品川家から入り婿を迎え、通詞家に戻ろうとしたのだと考えられる。通詞株がまだ使えたのだろう。この入り婿《むこ》品川与兵衛が、のちに吉雄藤三郎と名乗った。すなわち吉雄耕牛の父である。

この当時、父母や養父母系統のいくつかの姓名を自在に変えることは、しばしば見られる。同じ平戸の医者判田甫安《はんだほあん》は、吉雄寿山と同じく出島で修行。その後京都で嵐山《あらしやま》氏を名乗った。その弟子、森島小助は師匠の命で桂川《かつらがわ》と名乗った。桂川は嵐山から流れ出すからというのが理由で、これが代々つづく幕府奥医師の桂川家である。こんな洒落《しゃれ》の連続で名前を変えていいのだろうかと現代人は思う。つまり、改姓の理由など真剣に考えずとも、たんにキモツキが発音しにくかっただけかもしれない。ヨシオJOSIWOなら、ヨシュアJoshuaみたいで、外国人にもなじみやすかろう。

ちなみに肝属《きもつき》とは、大隅《おおすみ》の国（鹿児島県）の大姓で、いまの内之浦のロケット発射場一帯の地名である。ツキは通常、租庸調の調（みツキもの）のことなので、木《き》の調《つき》すなわち木材を貢ぎ物とする地名だろう。吉雄の「雄《ヲ》」とは盛りあがった場所。場所は処《カ》なので合わせてヲカ。岡のことである。「吉」は葦で、岡には生えないから、佳字の接頭語。吉雄という変わった名前は、吉岡と同じで、さらには「岡」というありふれた地名名字と同じものになる。

吉雄定次郎《さだじろう》（耕牛）は吉雄家の長男として生まれた。耕牛の父吉雄藤三郎の加役（追加された役目）「御用生類《しょうるい》方」は、八代将軍吉宗《よしむね》の趣味の、輸入洋馬、珍獣、洋鳥などの係である。一七二八年（享保十三）に象が運びこまれたが、唐船に積まれていたためオランダ通詞の担当外だったと思う。

移転初代「肝附伯左衛門」平戸オランダ商館通詞→長崎へ移転（大通詞）
二代「肝附忠次郎」（大通詞）
三代「肝附＝吉雄寿山」（通詞を中断して医業へ専念）
四代「吉雄藤三郎」（品川氏からの養子・大通詞）
五代「吉雄耕牛」（定次郎・幸左衛門・幸作・大通詞・医師・本編の主人公）

将軍吉宗と蘭学

八代将軍徳川吉宗は馬が大好きだった。日本馬は小柄なため、吉宗が出島経由で三十頭ちかくの良馬を輸入させた。オランダ商館はジャワあたりの馬でごまかそうとするのだが、送り返されたりする。こうして大型で良質のペルシャ馬が、江戸の町に姿を現した。馬に限っていえば、時代劇の「暴れん坊将軍」の乗馬姿は、馬の色以外はけっこう本物に近いものだと思う。白馬は輸入されていない。

享保年間に数回「阿蘭陀《おらんだ》馬乗りけいづる」が、吉宗から江戸に招かれた。馬術士ケイゼル（カイザー）軍曹である。彼は華麗な欧州の馬術を、江戸城内の吹上や田安朝鮮馬場で何度も披露した。耕牛の父吉雄藤三郎は、ケイゼルや先輩通詞の今村英生とともに、浜御殿で居所と扶持《ふち》をいただいた。これは名誉であるとともに激務でもあった。甲州徳川家の浜屋敷（下屋敷）は、当主が宗家を継いで六代将軍家宣となったので、そのまま浜御殿となった。いまの浜離宮である。

この浜御殿と江戸城を舞台にして、吉雄藤三郎を助手とした名通詞今村英生は、外国人馬術師と将軍のあいだを取り持ち大活躍をした。「馬療書」や「薬方書」などを翻訳。これらはのちに『西説伯楽《はくらく》必携』と呼ばれる本にまとめられた。解体新書五十年前の偉業である。今村の訳業を吉雄藤三郎は側で助け、語学力をつけた。将軍吉宗の蘭学好き、馬好きがこのふたりの通詞を鍛えることになったのだ。褒美の金銀は今村英生に十枚、吉雄藤三郎に五枚。ケイゼルには三回合計で二百枚与えられた。大仕事を終えた吉雄藤三郎は、一七三〇年帰崎。小通詞に昇進した。定次郎（耕牛）六歳のころである。この当時のオランダ商館日誌には「吉雄藤三郎の語学力はまだまだなので、今村英生を見習うよう」書かれてある。また、このふたりだけがポルトガル語もできるともほめている。

定次郎（耕牛）が稽古通詞にあがった一七三七年は、父の吉雄藤三郎にとっても重要な年であった。三月の江戸参府時、吉宗の側近儒者であった深見《ふかみ》久太夫有隣《きゅうだゆうありちか》は、小通詞の吉雄藤三郎の通訳で、連日ドドネウス著の大植物図鑑『草木譜』や天文学についてオランダ人たちに質問を繰り返した。前代にオランダから贈呈されていたこの大図鑑の精密な挿絵に将軍吉宗は感心し、深見に翻訳を命じていたものだろう。深見は吉雄による翻訳と通訳にいたく満足。「藤三郎《とうさぶろう》」の名を与えた。吉雄藤三郎の名乗りはじつはこのときからで、それまでは吉雄家に伝わる名前をいろいろ名乗っていたのだが、煩雑になるのでカットしている。この時代の日本人が、成長につれ出世魚のように名前を変えていくのには、当時のオランダ人も現代人の筆者も閉口している。藤三郎という名がなぜ名誉なのかもわからない。どんな質問にも答えてくれるので、答さぶらう（答えが準備されている）という洒落だろうか。

大通詞吉雄藤三郎

通詞界の太閤秀吉・今村英生の没後は、吉雄藤三郎が第一人者となっていたのだろう。翌一七三八年、吉雄藤三郎は大通詞に昇進し、阿蘭陀遣用商売支配加役も務めた。

将軍吉宗側近の深見有隣《ふかみありちか》（儒学者）は御書物奉行。すなわち将軍家の図書館「紅葉山《もみじやま》御文庫」の管理者である。長崎出張が多く、長いときは五年を超すが、もとは長崎の唐通事の家なので屋敷もまだあったのだと思う。父の代に、新井白石の推挙で江戸詰めになっている。同じく側近の丹羽正伯《にわしょうはく》（本草学者）は、吉宗の命で全国を回り、輸入産物の国産化の研究をおこない実績もあげているが、世に知られていない。吉宗は、長崎貿易の赤字を減らすつもりであった。一般には新井白石の方針を否定したようにに思われているが、貿易については方針を継続し、質を高める努力をしている。御三家の紀州から宗家にはいり、多忙だったと思われるが、それでもすぐに懸案に取り組んで実績も出している。ドラマに描かれるとおりの仕事のできる男だったのだろう。

一七四〇年、青木昆陽《こんよう》と野呂元丈《げんじょう》の新チームに、あらためて将軍吉宗より蘭語修得の命がくだる。それまでの深見・丹羽チームにはオランダ通詞をとおして学ばせていたが、新チームには直接、蘭語から学ぶよう命じたのである。この新コンビについて、オランダ人たちの見方は厳しい。「馬鹿げた質問を繰り返す厄介者《やっかいもの》たちがまたまた来た、またまた来た――」といった感じで書かれてある。

古賀十二郎の『長崎洋学史』には格好良く、「野呂元丈、幕府の命を奉じ、大通詞吉雄藤三郎を従へ――（カピタンらと）対話し――和解《わげ》一冊を作る」とある。これは一七四一年すなわち翌年のことである。吉雄藤三郎も、前任者の深見有隣《ありちか》に繰り返し翻訳と通訳をしているので楽だっただろう。貿易業務通訳であったオランダ通詞の仕事に、しだいに学問の要素がはいりはじめたといえる。

吉雄藤三郎はこの訳業を終えた翌年の一七四二年に逝去。吉雄定次郎《さだじろう》（耕牛）十九歳のときである。耕牛はいまでいえば高校生くらいまで父から蘭語を習っただろう。父の逝去を受けて、小通詞に昇進。一七四八年、大通詞に昇進した。

医学にも蘭学が波及

青木と野呂の蘭学修行につづき、やがて一般の医師たちにも蘭学を習うことが許された。こうして、杉田玄白、前野良沢、平賀源内、大槻玄沢、司馬江漢、工藤平助――と、江戸時代を代表する錚々《そうそう》たるメンバーが、オランダ通詞に教えを乞いにカピタンの江戸参府時の宿所である長崎屋を訪れることになる。まっさきに耕牛に入門した杉田玄白と工藤平助以外は、皆、はるばると長崎の吉雄邸を訪れている。

耕牛の医業についてはどうだろうか。一七六一年に中津藩江戸屋敷で、中津侯のご母堂が骨折。藩医の前野良沢は治せず、たまたま在府中の耕牛が呼ばれ、治療、快癒している。すでに外科の名人として全国に名が高かったのである。翌年には耕牛の治療法を筆記した『紅毛医言』が書かれ、一七六五年には寒暖計を自作している。これらから考えると、一七五〇年ころから耕牛の怒涛の活躍（翻訳、外科治療、研究）がはじまったのだろう。

万能の蘭学者吉雄耕牛が歴史から消えた謎

耕牛は小通詞時代を含め、年番通詞と江戸番通詞を十三回ずつ務めている。江戸全期を通じての厳密な記録はないのだが、まずはまちがいなくいちばんの大記録である。この膨大な通詞の雑用（本業ではあるが）の合間に、医学、本草学、地理、歴史——と、西欧の学問の各分野についての膨大な翻訳、研究をおこなった。そのかたわら医術では、新たな吉雄流をおこし、全国から集まる門弟は六百～千人を数えた。

また、オランダ風説書を半世紀以上にわたって毎年翻訳していくので、海外情勢についてはだれよりも詳しい。老中や奉行と違って、交代がないのである。各国、各

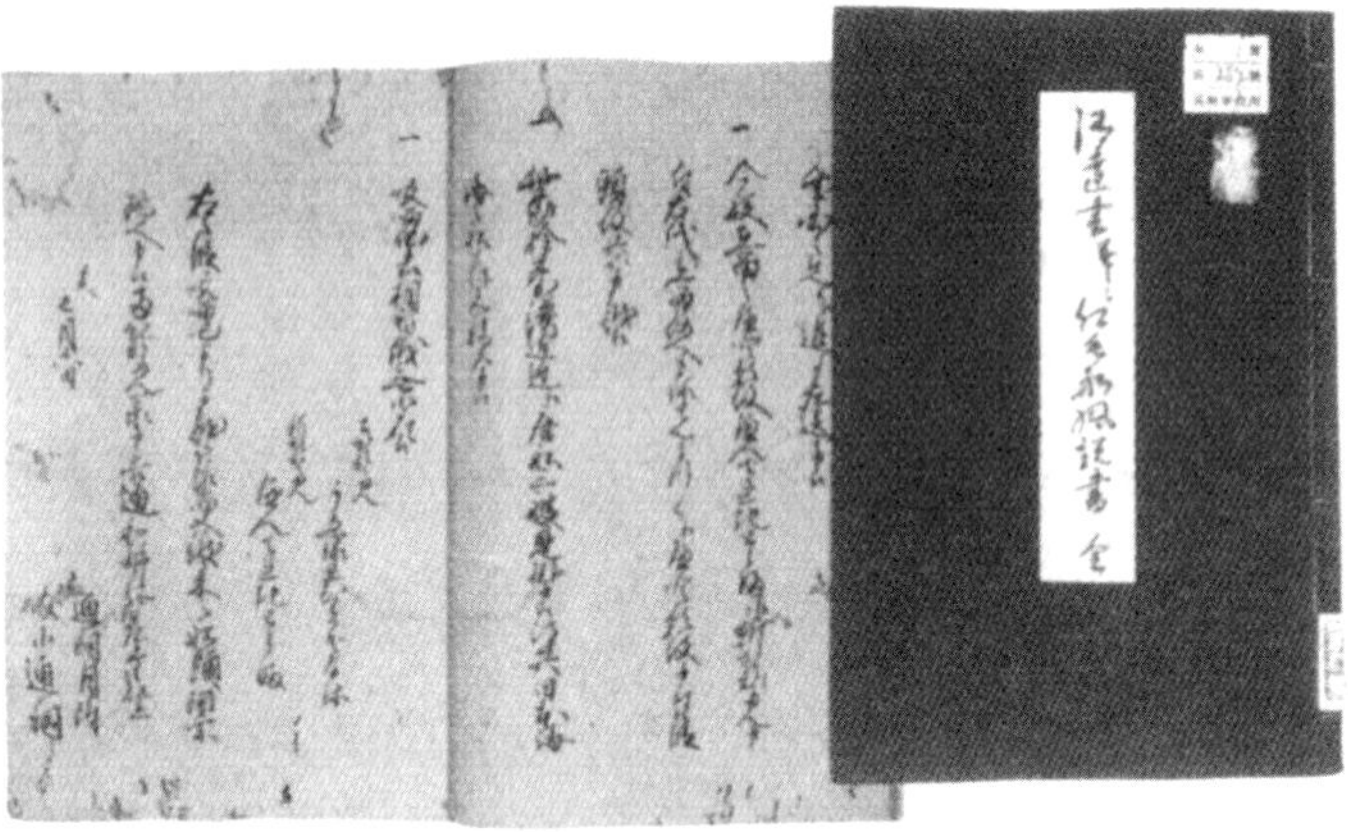

御達書紅毛船風説書（長崎歴史文化博物館蔵）

地の銀相場、銅相場から、絹、砂糖に至るまで諸色《しょしき》（購買価格）についても詳しいが、これは仕事柄あたりまえである。貿易実務の折衝通訳では「やり手である」と、オランダ側から嫌がられている。

　優れた通詞・翻訳者にして外科の名手。お侍《さむらい》とお百姓の時代にあって、山と積まれた翻訳の仕事を苦にもせず、コーヒーを飲みながらビリヤードに興じる万能の蘭学者。あなたの本業はいったいなんですかといいたくなる。残念なのは、記録を残さず、随筆、日記の類も見あたらないことだ。それで耕牛の伝記本を書くのは難しい。医術も秘伝のかたちで伝えたため写本をたどるしかない。当時はこれがあたりまえなのではあるが。耕牛没年の一八〇〇年あたりに見えない境目があって、以降は一般の人も日記を書いたり、出版したりで、資料が飛躍的に増えるのだ。

耕牛の少ない史料からは、客人を大事にしながらも、精力的に業務をおこなう学者通詞の姿が浮かぶ。これといった欠点もないところが欠点で、小説の主人公には向かない。コンビを組んだオランダ通詞本木良永《もときりょうえい》は、真冬に諏訪神社で水をかぶりながら翻訳の成就を願ったという超真面目の努力型人間。ふたりの後輩通詞の傑物が、志筑忠雄《しづきただお》。長崎から一歩も出ずに家に籠もって、天文学と物理学と蘭語文法とを日本流に完成させた。彼は日本物理学の父で、江戸時代を通じての一番の天才であるとだれもがいう。しかしロマンが足りない。浮いた噂のひとつもない。このご近所三人組を大河ドラマか小説にして有名にしてくれないものだろうか。

しかし完全人間と超真面目人間と引きこもりの三人組で、美女のひとりも出てこないでは、さすがに脚本が書けないか。全国から、ときには世界から訪れる学者たち。象やワニやオランウータン、ナマケモノなど、生き物はさまざま登場するのであるが。

以上、江戸時代のまんなか。大平の世の十八世紀に、長崎から全国の蘭学者の卵に光をあて、孵化《ふか》を促したオランダ通詞。それが吉雄耕牛である。それではそんな優れた人物をなぜだれも知らないのか。彼の指導を受けた杉田玄白、前野良沢、平賀源内ほか多くの人物が教科書に載っているのに。長崎でも、あとのふたり、本木良永と志筑忠雄は記載されているのに。耕牛が、そのすべての人物群の総帥の位置にくるのに。いや、当時の人はだれもが吉雄耕牛の偉大さを知っていた。いま、忘れられているだけである。

日本近代化の道は耕牛にはじまるにもかかわらず、どうして歴史から消えているのか。だれが耕牛を消したのかを探っていきたい。

第二章

消された耕牛・玄白の乱

――オランダ通詞はただの口舌《こうぜつ》の徒《と》か?

蘭学の起こりは長崎

蘭学は江戸に起こったと全国民が信じているのは、杉田玄白《すぎたげんぱく》の『蘭学事始《らんがくことはじめ》』に出てくる『解体新書』翻訳の話がおもしろく、多くの教科書が蘭学の起源の実話として使っているからである。しかし事実とは違う。まず、一般に教科書に取りあげられることが多い事項は以下のとおりである。

・杉田玄白と前野良沢《まえのりようたく》が『解体新書』を刊行して蘭学がおこった。（江戸）
・二人の弟子の大槻玄沢《おおつきげんたく》が『蘭学階梯《らんがくかいてい》』を書いた。（江戸）
・稲村三伯《いなむらさんぱく》が、わが国ではじめての蘭日辞書『ハルマ和解《わげ》』をつくった。（江戸）
・平賀源内はエレキテルをつくり、司馬江漢《しばこうかん》は西洋画のさきがけを成した。（江戸）
・本木良永《もときりようえい》と志筑忠雄《しづきただお》は天文学を起こした。（長崎）
・シーボルトが来て鳴滝塾を開き、大いに蘭学が栄えた。（長崎）

以上の項目を検討してみる。おそらくは長崎では、蘭学とは呼ばず、紅毛《こうもう》学か蛮《ばん》学か。べつに名前をつける必要性もなかったと思う。この点、たしかに江戸が蘭学という言葉の発祥地かもしれない。しかしそれは用語の問題で、欧州文明の研究という学問の実質は、長崎通詞団が翻訳・解析・発展させてきたものである。

語学能力でみると、数カ国語の混じった蘭語を自在に読みとり翻訳できる、長崎の吉雄耕牛と本木良永のコンビに対して、江戸の杉田玄白は蘭語がほとんど読めず、長崎で耕牛や良永に鍛えられた前野良沢と大槻玄沢がなんとか読める程度だった。

長崎組の後輩である志筑忠雄と、江戸組の後輩である大槻玄沢の対決はどうだろうか。志筑に対抗できる者など、どこにもいない。のちに志筑の弟子の馬場佐十郎が江戸へくだり、江戸蘭学の大御所となっていた大槻玄沢を従えて、蛮書《ばんしょ》和解《わげ》御用のトップとなっている。大槻玄沢は三十歳年上だったが、文法の力がはるかに劣っていた。

杉田玄白（『医家先哲肖像集』）

このように、長崎組と江戸組の力の差は隔絶していた。耕牛のころは大学生と小学生。志筑や馬場のころは、大学教授と中学生ほどの差があった。

前述のように、『解体新書』のような解剖書は、二世代前の本木良意《もときりょうい》が翻訳をすませている。吉雄塾で精緻《せいち》な解剖図を講義に使っていたことも、当時のノートに写しが残っている。江戸組が力をつけていくのは、のちの馬場佐十郎と吉雄忠次郎（弟の孫）による江戸での直接の文法指導。元通詞の馬田清吉《ばだせいきち》が実質翻訳した辞書『ハルマ和解《わげ》（江戸ハルマ）』、それを縮めたミニ辞書『訳鍵《やくけん》』。そしてカピタン・ヅーフと吉雄権之助（子）ら長崎通詞団が総力をあげてつくりあげた大辞書『ヅーフハルマ（長崎ハルマ）』が使われるようになってからである。

このような圧倒的な差があるのに、なぜ蘭学の起こりは江戸の杉田玄白になっているのか。なぜ玄白が恩師の耕牛と長崎通詞団について、虚偽の内容を意図して織り込んだ『蘭学事始』を書いたのか。これを順に解明して、江戸の仇を長崎が討つべきかどうかを考えていきたい。

『解体新書』序文の分析――耕牛を敬う玄白

『解体新書』の巻頭を飾る序文は、本の内容よりも二段ほど大きいサイズの文字で書かれてある。序文というものは、権威からのお墨つき。社会的な信用のある者から証明書をもらうことだからである。次頁の資料が解体新書の序文と表紙で、「阿蘭陀《おらんだ》訳官　西肥　吉雄永章（耕牛）」との名と印が押されている。西肥とは西肥前で長崎のことである。

序文は、耕牛の回想のかたちで書かれている。翻訳者として名前のあがっていない前野良沢を耕牛がさんざん誉めたのち、良沢が杉田玄白を連れてお願いにくるあたりを引用してみる。酒井シヅ氏の『解体新書』を要約して使わせていただく。以下、（　）内は筆者の挿入。

前野君が連れてきた同好の士の中に杉田玄白という人がいた。「（自分・玄白は）良沢氏に学び、おそれながらも遠くにおられる（吉雄耕牛）先生の教えの一端を受け、ついにこのようなもの（解体新書）を創り上げるまでになりました。これは実に嬉しいことでございます。そこで先生に一度お目通し戴いて疑問の箇所を質《ただ》すことをお願いできますならば、我々が死んでもこの本は朽ちることがないでしょう。

――これ（解体新書の完成）は、自分たちの功績ではありません。まことに（吉雄）

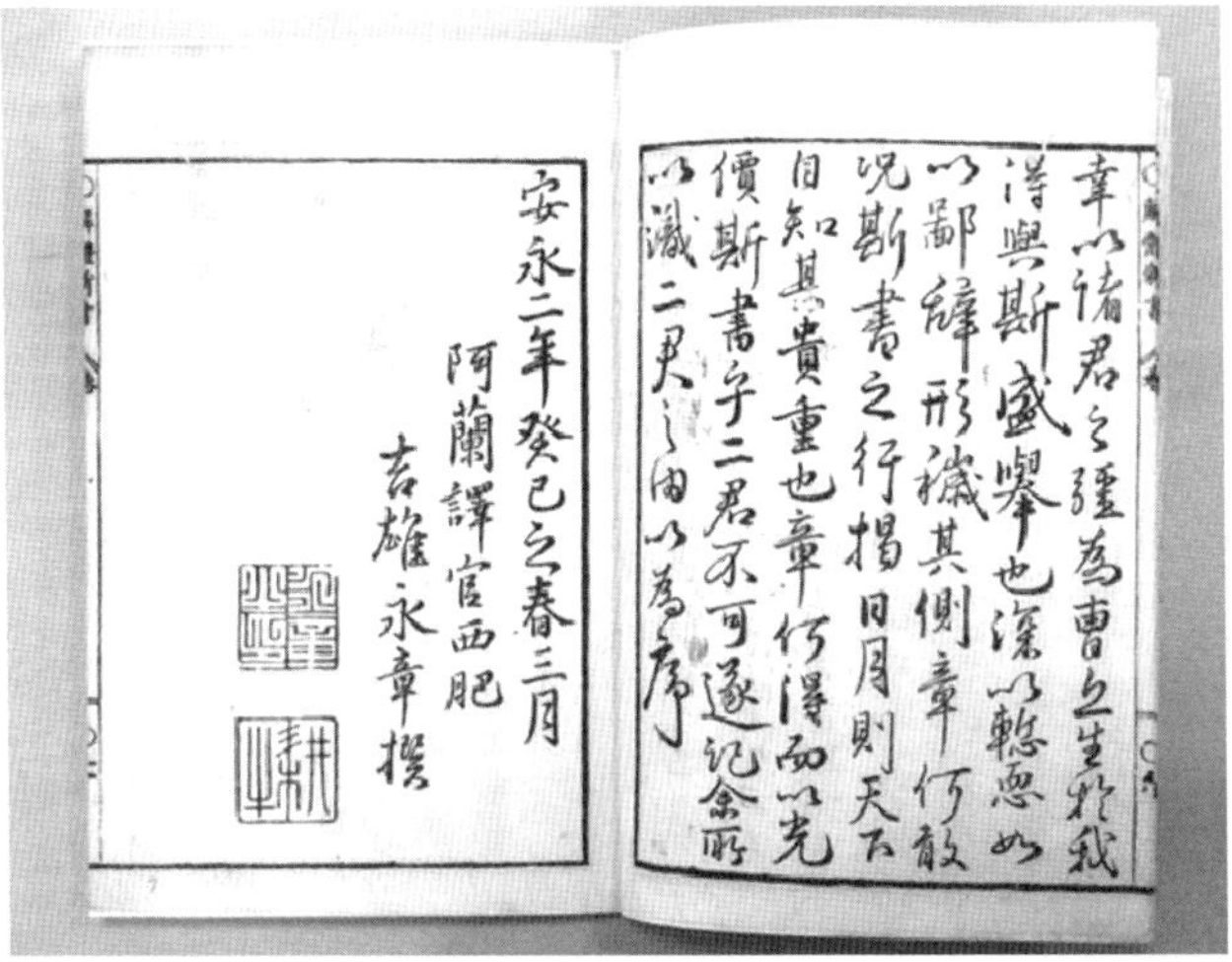
幸以諸君之强為書之生於我
得與斯盛舉也深以聰恩如
以鄙緯形識其側章何敢
況斯書之行揭日月則天下
自知其貴重也章何得而以光
價斯書乎二君不可遂乞余所
以識二君之由以為序

安永二年癸巳之春三月
阿蘭譯官西肥
吉雄永章撰

『解体新書』扉絵と序文の結び部分（国会図書館蔵）

先生の徳であります。厚かましいお願いですが、（吉雄）先生に一言戴いて巻首に載せ、それを以て永く栄誉としたいのです」――と、二人（玄白と良沢）がいう。（――それで最後は引き受けることにした）

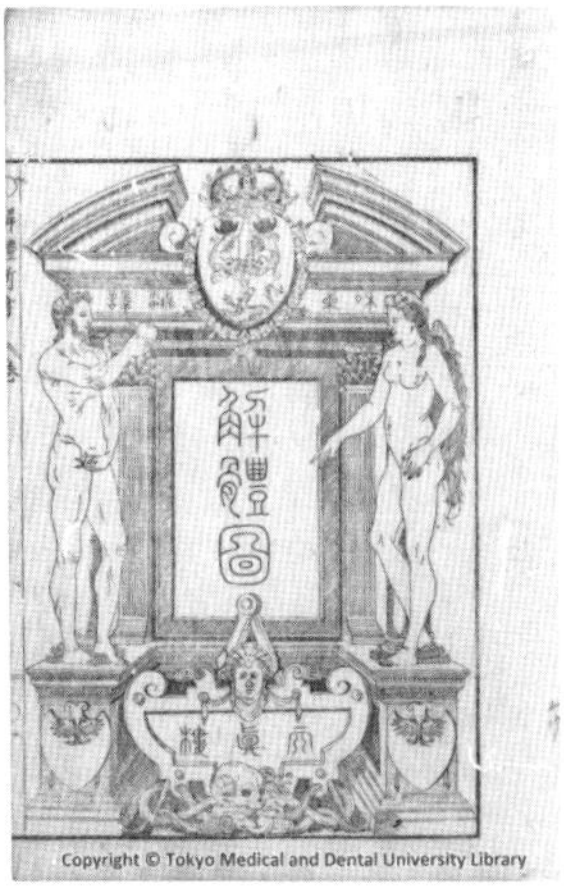

（酒井シヅ『解体新書全現代語訳』講談社学術文庫）

『解体新書』は、長崎で耕牛に学んだ前野良沢が、そのほとんどを再々耕牛に書面で質問しつつ翻訳している。しかし杉田玄白訳となっており、前野良沢の名前がない。前野はまだ誤訳が多いからといって出版に反対し、名前を載せるのを拒《こば》んだのだ。そういう経緯《いきさつ》を知っている耕牛は、良沢を序文に大きく出して功績を讃え、良沢が真の執筆者であることを世間に示した。この本を書いたのはふたりだと、四回ほどしつこく繰り返している。これは、杉田玄白訳と強く書いた玄白にとっては、おもしろくない序文ではなかろうか。

のちに大槻玄沢が書き直した『重訂《ちょうてい》解体新書』では、耕牛の序文を書き直すという失礼なことをしている。解体新書の改訂版を出すよう玄白は玄沢に託していたが、あるいは序文の書き直しも頼まれていたのだろうか。

このように杉田玄白と前野良沢は、吉雄耕牛に三拝九拝して本文の校訂と序文の掲載とを頼み、大槻玄沢も合わせて三人ともに門弟となってオランダ語の読み書きについて教わっているのに、のちの『蘭学事始』では、「オランダ通詞は読み書きもできない」と貶《おとし》めている。これは不可解なことである。つぎに『蘭学事始』を見てみよう。

『蘭学事始』の分析――通詞を貶《おとし》める玄白

『蘭学事始』では、杉田玄白が四十二年前に解体新書序文を頼んだときとは態度が百八十度違って、礼を失している。まず、変によそよそしい。「吉雄先生」から、「幸《こう》左衛門《ざえもん》（耕牛）」「かの幸左衛門――」「通詞ども」という呼び捨てや失礼な言い方に変わっている。そして「オランダ通詞は読み書きができなかったので、耕牛らが習うことを幕府へ陳情し、許された」と書かれている。読み書きできずに、風説書の翻訳や貿易の決済ができるはずがない。これは玄白が年を取って惚《ぼ》けていたのだという説が強いが、どうして読む人を引き込む立派な文章である。

全編を通じて、耕牛のことを、あまり知らない人のようによそよそしく書いてはいるが、いくら知らない振りをしても、玄白の人生に耕牛は師として出てこざるをえない。

以下、岩波書店発行の『蘭学事始』緒方富雄校注版を使い、耕牛が出てくる章のみ抽出要約して分析したい。また、わかりやすいように芳賀徹編集版にならい各章に番号と表題をつけてみた。この時期の名乗りは吉雄幸左衛門であるが、できるだけ耕牛に変えている。

↓矢印マーク以下の文は私の感想や分析である。前書きも一項として、上巻の四項よりはじめたい。

上巻（一～三項は省略）

四　オランダ医術の諸流派

この他長崎に吉雄流などというのはオランダ人から習った療法を吉雄流といっているのである。

↓これは耕牛より前代のころの話なので、祖父の吉雄寿山と叔父寿永のことになる。耕牛以前から流派を名乗るほど栄えていたのだろうか。

五　蘭語の筆記学習が始まる

通詞のともがらも、口で覚えて、通訳していた。だれも蘭語の読み書きを習いたいという人はなかった。八代将軍吉宗公のときに通詞・西善三郎、吉雄耕牛らが、「我々は文字を知らずに暗記だけで通訳を勤めているのは良くない。なにとぞ蘭文を習い、蘭書を読むことを許して欲しい」と陳情。これが許可されオランダ人渡来以来百年でようやく横文字を習うようになった。
↓　吉宗公の御代であれば、耕牛はまだ子どもだ。通詞は風説書の翻訳と貿易実務を文書でおこなうので、当然読み書きはできる。玄白が知っていて事実と違うことを書くのは、『解体新書』が本邦初の翻訳書であるとしたいがためだろう。そのためにはオランダ通詞どもは、読み書きができない口舌の徒であらねばならない。

六　将軍吉宗、オランダ語学習の内命を下す

将軍吉宗は、江戸城内にあった蘭書を眺めて感心し、野呂元丈（医師・本草学者）と、青木昆陽（儒学者）に、蘭語学習を命じた。ふたりは毎年のカピタン江戸参府に付いてくる通詞どもよりオランダ語を習った。十分な時間はなかったが、江戸での蘭語学習の始まりとなった。
↓　江戸番通詞は、引率宿泊、諸処への献上物献上や登城準備、登城拝《はい》謁《えつ》の世話で多忙である。講義できるのは正味数日、最大四日ほどとして、十年で四十日。これくらいで外国語が身につけば苦労はしない。

また、玄白らも毎年師礼をとってともに学んでいるのに、なぜ「通詞ども」という蔑称を使うのかが、気になるところである。

八　横文字の載った本は禁止

民間人がみだりに横文字を扱うことは遠慮すべき時代だった。「紅毛談《オランダばなし》」という本にアルファベットが載っていたのでお咎《とが》めを受《の》けた。

↓　玄白の翻訳苦心の例として有名なのはフルヘッヘンドの逸話。この単語は、庭の掃除にも出てくるので、堆（ウズタカシ）の意味だろうと推定した話である。最近の研究によると、この項とともに、どちらも事実と違うそうである。

一〇　オランダ大通詞・西善三郎からの忠告

（良沢とともにオランダ定宿・長崎屋を訪問。通詞の西善三郎曰《いわ》く）

「オランダ語学習など無用です。オランダ人と朝夕付き合っていても難しい。（江戸では）無理です。毎年がんばっている野呂、青木の両先生もわかっていないでしょう」（私・玄白は）もっともであると思いあきらめた。
↓　玄白のオランダ語能力は、みずからいうように乏しい。玄白にあるのは集団をまとめ、目標へと向かわせるコーディネーター能力である。

一一　杉田玄白、吉雄耕牛に入門

大通詞・吉雄耕牛は外科の上手で名高く、九州、中国では長崎へ行ってその門に入る者が非常に多かった。（私・玄白も）早速入門してその医術を習うことになり、毎日宿舎へ通った。――耕牛は輸入されたばかりの外科の本（ヘイステルの外科治術）を見せてくれた。堺樽《さかいだる》二十で手に入れたそうだ。この本に夢中になり、図だけでもと、昼夜写し、吉雄氏の江戸在府中に仕上げることができた。徹夜して鶏の声を聞くに及んだこともあった。
↓　世に認められている耕牛の力量、玄白が入門し熱心に通ったこと、貸してもらった外科書を熱心にコピーしたことが書かれてある。あまり知らない振りをしていたのに、馬脚《ばきゃく》をあらわしているところである。堺樽には酒の他、醤油説もあるそうだ。どちらにしても一樽《ひとたる》一両くらいだと思う。豊かな家計をふんだんに洋書の購入に使い、人に教え伝えるのが耕牛の性格で、基本、啓蒙家《けいもうか》である。

一二　前野良沢、長崎の吉雄塾へ

――例の幸左衛門（耕牛）カピタン参府の折のこと、中津侯の母君が脛《すね》を骨折。侍医の前野良沢は治せず、吉雄耕牛の治療で快癒した。前野良沢は長崎留学を願い、かの地で吉雄・楢林氏に昼夜一心にオランダ語を習った。

↓　ここでは前野良沢の長崎行きと吉雄塾への語学・医学入門が書かれてある。侍医として治せず、耕牛の治療で快方に向かう。良沢は顔を潰されたかたちだが、これを機会に耕牛に師事。猛勉強をはじめ、長崎にも二回通った。良沢のまじめさ、熱意が伝わってくる話である。

一三　奇才・平賀源内

（カピタンが一同に対し）知恵の輪仕掛けの金袋《かねぶくろ》を取り出して、あけた人にさしあげましょうと言った。（一同解けないないなか）末座《まつざ》の源内がしばらく考え、たちまちあけた。——その後、源内は長崎に遊学し、エレキテルというめずらしい機器を手に入れてきた。

↓　耕牛のことだから、エレキテルなどはまっさきに買い入れて、さまざまに試し、自宅に長逗留《とうりゅう》していた源内にもおもしろく説明したと思う。欲しくなった源内は必死に現物を探し、壊れたものを西家（通詞家）で手に入れたのだろう。当初は医家の使う電気治療器であったが、耕牛は、治療には使えないと判断していたようだ。

一四　解剖書・ターヘルアナトミアを買う
参府の蘭人から藩費で手に入れた。はじめての蘭書だった。

↓　はじめて購入した蘭書の翻訳のお世話で、名を成したのだからたいしたものである。耕牛は多くの医学書を翻訳しているが、歴史から消えている。ちなみにターヘルアナトミアとは「表・解剖」という意味の表紙書きで、本当の題名の直訳は「解剖学表」だそうである。

一五　平賀源内と愚痴をいう

できれば長崎の通詞に頼んで訳させたいものだ。

↓　後の方の下巻の六には、通詞たちに翻訳の経験はまったくないように書かれてあるが……。

一六〜一八　腑分《ふわ》け見学

良沢も懐《ふところ》からターヘルアナトミア。去年長崎で買ってきた。

↓　耕牛から辞書とともにもらったものだと思う。このあたりが教科書に描かれる有名なシーンである。腑分けそのものは、執刀も含め以前からおこなわれており、ここではただの見学にすぎない。

一九　グループ翻訳の決意

いかにしても通詞らの手を借りずにターヘルアナトミアを読み分けてみたい。

↓　通詞らは、すでに読めるようになっていたのか。

二十　研究会の苦労
（長崎留学経験のある）良沢を盟主として先生と仰ぐことにした。私はいまだアルファベット二十五文字さえ習ったことがない。

↓良沢が耕牛に問い合わせつつ、わずかに翻訳できるだけであった。

下巻
一　翻訳完成
ついにターヘルアナトミア翻訳の業が成就した。江戸にてこの学を創業して、腑分けを解体と訳し、グループの中から蘭学という言葉を唱え、全国で使われるようになった。西欧の外科の法は二百年前から伝わっていたが、医書を翻訳するということは絶えてなかった。これは天意である。

↓長崎ではいくつもおこなわれているが、江戸でははじめてだったのだろう。九十年前の本木良意の解剖書の写しがひろまり、出版に向かっていた。出版を急ぐ玄沢と、まだ尚早と考える良沢とが対立することになったと諸本にいう。それでも「腑分け」を「解体」と言い換えて、

『解体新書』とするネーミングのうまさには脱帽である。我々凡人なら「腑分け図解」という薄気味悪い題名にするだろう。

六　長崎の悪口と勝利宣言

蘭学が江戸で唱えられ栄えているということが、年々のカピタン参府により長崎に伝えられ、通詞の人達などはだいぶ忌み憎んだとのことである。通詞の家々は通弁をするだけで、書物を読んでそれを翻訳するなどということはなかったのだ。しかしこの関東での蘭学創業により、遠い源といえる長崎の通詞の輩《やから》も大いに奮起したことだろうと思う。

↓　この勝利宣言には驚くばかりである。まだこの時期に長崎が江戸をライバル視することはないだろう。「忌《い》み憎む――」という文言からは、逆に玄白が長崎の通詞たちを憎々しく思っていたことが感じられる。

七　解体新書出版

（処罰されないよう幕府や京都の御所関係者に事前に提出した。）

↓　事前に手を打つ周到な杉田玄白の姿勢がうかがわれる。

八　弟子の大槻玄沢・長崎留学

大槻玄沢が入門してきた。良沢に学ばせたところ大概をさとった。「このうえは長崎で直接通詞家で学びたい」とのこと。私も良沢も喜んで許し、費用も援助した。長崎では本木良永宅に寄宿し教えを受けた。いろいろな人に質問相談し、修行して帰ってきて『蘭学階梯《かいてい》』を出版した。

↓　私財を投じて後輩を長崎へ送る玄白は立派である。しかし長崎の町は基本的に旅宿が禁じられているので、知り合い宅に寄宿を頼まねばならない。順序として、玄白は師である耕牛に頼み、耕牛が良永宅を紹介したと考える。耕牛に頼んだことと、耕牛宅でも語学・医学を学んだことが、意図して削除されていると感じられる。

九　荒井庄十郎

長崎から荒井庄十郎が平賀源内のところにやってきた。オランダ大通詞・西善三郎の養子で、通詞をしていた。私の家に招いて蘭会話を習ったこともあった。
↓　耕牛の甥である。荒井家に嫁いだ耕牛の姉の子が西家を継ぎ、通詞職をやめ、江戸へ出て杉田塾の講師を務めた。たまに杉田家を訪れたように書いているが、ここも意図して耕牛に世話になったことを隠しているようにみえる。

一四　石井恒右衛門＝馬田《ばだ》清吉
もと長崎の通詞で馬田清吉という。松平定信の家臣。大植物図鑑・ドドネウスの『草木譜《そうもくふ》』の相当量を訳した。稲村三伯によるハルマ辞書の翻訳も、全くこの人によるものだった。
↓　ここは正確な文である。彼も通詞職をやめ、江戸に戻る大槻玄沢とともに長崎を出た。西善三郎のつくりかけの辞書草稿を持っていって完成させたという。西はまだ存命なので写しをもらったものか。

二二　長崎のオランダ通詞たち

西善三郎はマーリンの辞書の翻訳を企てた。本木良永は天文学、暦に関する書物をひとつふたつ訳したという。その他は聞いていない。良永の弟子が志筑忠雄《しづきただお》。志筑は通詞職をやめて蘭書の研究にふけり、もっぱらオランダ文法を研究したという。吉雄権之助、馬場佐十郎が教わった。私・玄白の子弟、孫子までもその教えを受けている。志筑忠雄はオランダ通詞ができて以来、いちばんの達人。これはあるいは我々江戸蘭学のグループが、先生なしで翻訳を始めたため、彼も刺激されて発奮した結果ではないかと思われる。

↓

オランダ通詞の項なのに、いちばん世話になった吉雄耕牛を削除している。志筑が良永の弟子だとされるのはこの項が出典なので、耕牛の弟子でもあったことを削除しているのだと思う。また、志筑は、耕牛と良永ふたりの高弟でありながら、このふたりを超える孤高の天才なので、彼の頭のなかに江戸蘭学は座を占めていないだろう。

オランダ通詞も、つぎの馬場の世代からは江戸勤務になるので、江戸の人々は皆、長崎組の隔絶した実力を知っている。それで、ここから先は真実を書くしかない。すこし捨て台詞《ぜりふ》の感がある。

長崎通詞団との断絶

以上で読み解きを終わり、整理してみたい。玄白は耕牛から受けた恩を仇《あだ》で返したかたちである。まず耕牛から受けた恩をあげてみる。

①江戸でまっさきに入門。ヘイステルの医書を借り、徹夜で図を模写した。
②『解体新書』出版時、序文というお墨つきをもらい、書の信用を得た。
③ツンベリーの梅毒特効薬の処方を教わり、玄白は流行医となって大金を得た。
④大槻玄沢の長崎留学の世話をお願いした。
⑤耕牛の甥・荒井庄十郎（元稽古通詞）を自分の塾に迎え、皆で蘭語を習った。

まだまだあるかとは思うが、『蘭学事始』に書かれているのは①だけである。②は礼儀として、必ず書き入れるべきである。③についてはべつの章でも検討したい。④は推定だが、まちがいないと思う。⑤には耕牛の甥であることが意図して削除されている。『蘭学事始』という本は、お世話になった師と長崎通詞団を意図して貶めている点で、道徳的な書物とはいいがたい。

この理由として巷間《こうかん》いわれるのは、

①玄白が年取って惚けていた。細部の記憶違いがいろいろとみられる。

↓　そうだろうか。文章は達者で、現代の教科書に採用されるだけの中身とおもしろさがある。

②オランダ通詞は場に応じての帯刀が認められているだけの町人にすぎず、馬鹿にされている。

↓　大坂も町人の町であるが、さほど馬鹿にされているふうでもない。江戸の蘭学者たちも、ほとんどが医師で、格式はともかく純然たる武士はわずかである。

③長崎の通詞などには世話になっていないといいたい。

↓　ことあるごとに口舌《こうぜつ》の徒《と》といって見くだすのは嫉妬ではなかろうか。自在な蘭会話ができるだけでも尊敬の対象だと思うのだが。

以上考えてみると、『蘭学事始』の性格は③であって、江戸蘭学の起源説話だと思われる。神話の種類だ。なにが玄白をして、師と長崎通詞団の恩を仇《あだ》で返させたのかは、心理学でしか解けないと思う。

江戸蘭学という学派を成立させるには、まず長崎との師弟関係を断たねばならない。たぶん、江戸蘭学のうねりは列島にひろがり、頂上にいる玄白を教祖に祭りあげる風潮があったのだろう。教祖は多くの信者の思いに応えねばならない。皆が誇りをもって進めるよう、リーダーたるものは、自身の学問に誇りと権威をもたさねばならないのだ。事実だけではあまりにみじめになるからである。江戸蘭学創業グループが、長崎通詞団と長崎蘭学から育てられたという恥辱は、封印しなければならない。オランダ通詞団、なかんずく半世紀にわたって江戸蘭学を指導した吉雄耕牛との関係を切らないと、江戸蘭学に誇りは持たせられない。そこで「オランダ通詞は口舌の徒であって自分たちのような学者ではない。文の読み解きはできない」とした。口舌の徒というのは、通詞がみずからを謙遜していうときに使う表現であり、それを逆手に取っているのは人が悪い。玄白は江戸蘭学ひいては日本蘭学の旗頭として祭りあげられ、あとには引けなかったのだろう。

歴史、神話というのは、自我を形づくる集団幻想を保証するためのものである。事実より、基盤にできる虚構の構築のほうが重要である。それが皆の自立の基盤になればよい。その意味で『蘭学事始』という本は、江戸蘭学の勝手なアイデンティティの確立である。それはそれで構わない。人間は、自我の確立のためには見境がなく、容赦がないとされているから。いまでも大陸の国々は虚構の歴史の構築に熱心である。

以上が、玄白が恩を忘れて長崎通詞団を貶めようとした理由だと考える。

すり替えられていく歴史

集団の不安を取り去るのが上に立つ者の務めであり、だれも褒めてくれないときは自画自賛も許される。江戸蘭学創造という都合のよい虚構を築いて集団の安定を図るのは、それぞれの集団の都合なのでべつに構わない。その虚構が教科書となり、全国の、とくに長崎の子どもたちがそちらを真実だと学習することが問題なのだ。

どうしてこのようなことになったのか。『蘭学のフロンティア志筑忠雄の世界』(長崎文献社)に本馬貞夫氏の好論文がある。明治の大学者である大槻文彦、大槻修二兄弟が、『蘭学事始』をもとに『日本洋学年表』をつくり、これを骨子として代々の教

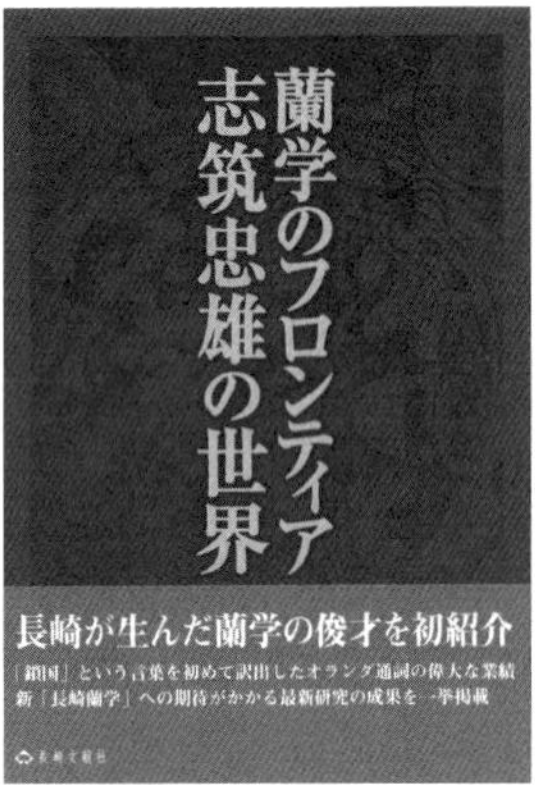

志筑忠雄没後200年記念
国際シンポジウム実行委員会編
『蘭学のフロンティア　志筑忠雄の世界』（長崎文献社）

科書がつくられていった顛末が書かれてある。一部引用させていただく。

　明治九年九月、大槻家では祖父玄沢の五十年祭が執り行われた。これに合わせて大槻修二は、玄沢がわが国の蘭学の発達に及ぼした功業を含む年表を作成し、「追遠の料」とした。これを翌年十一月『日本洋学年表』として刊行したわけである。大槻修二が各種資料・文献を集め、厳密に学問的に執筆したことは疑いないが、その動機は祖先顕彰であり、また時間的にも制約があり、今日からすれば疑問点は多い。その第一は、年表が杉田玄白の『蘭学事始』を基礎に構成されている点である——。

（本馬貞夫「長崎蘭学と歴史教科書」）

また、大槻文彦が講演で、「蘭学の系統は、青木昆陽→大槻玄沢→宇田川玄真→坪井信道→緒方洪庵――とつながる」と述べたそうである。これなら、玄沢の師である杉田玄白も自然に称揚されることになるだろう。九州の芋を関東に植えただけの青木昆陽が蘭学者のトップとして出てくるわけもよくわかった。こうして長崎蘭学の系統と成果は、江戸蘭学のものにすり替えられていくこととなったと思われる。

したがって「蘭学の起こり」の項について、長崎からの視点でまとめてみると以下のようになる。

将軍吉宗が禁令をゆるめ、人々はオランダ通詞から学べるようになり、蘭学が起こった。通詞吉雄耕牛は、前野良沢、杉田玄白、大槻玄沢らを指導し、『解体新書』や入門書『蘭学階梯』が刊行され、蘭学は全国に広がった。通詞本木良永は『天地二球用法』で地動説を紹介、元通詞の志筑忠雄は『暦象新書』を通じて天文物理に多くの造語をおこない、文法研究を進め、日本の近代学問の基礎をつくった。

第三章

オランダ座敷訪問列伝

吉雄邸跡（現・長崎県警察本部）左手奥は長崎県庁

1　オランダ座敷を訪れた人々

オランダ座敷について

吉雄邸は、長崎県庁前の一等地でいまの長崎県警察本部の場所にあった。（どちらも現在、移転の準備がはじまっている）

ここは、麗しい異国の奇花珍草が溢れる花園。珍しい鳥獣に囲まれた小さな外国、異国の風情ただよう一大観光地。佐世保市にある「ハウステンボス」のようなところだった。タイル貼りの一階から青い彫刻階段を登ると、異国の機器と図画とギヤマンに囲まれて、西洋家具が置かれたオランダ座敷がある。外《と》つ国の見知らぬ花木に囲まれた庭にはワニが

吉雄耕牛宅跡の碑（長崎市万才町）

放し飼い。ときをたがえてオランウータンにベンガル産のナマケモノまで。

——といっても、いまの我々から見れば、カーネーション、カンナ、アロエ、バラやチューリップなど、どれもお馴染みの草花である。ガラス窓はいまではあたりまえ。ワニはともかく、ナマケモノならうちにもいるといわれそうだ。

来崎の日本の名士たちは、このオランダ座敷を訪れるのを楽しみとしていた。以下は訪問人物伝。彼らの記録から、耕牛の人物と座敷の様子を想像していただきたい。若くして大通詞になった耕牛には、年上の門弟も多い。名前のあとに、何歳年上か年下かを示してみたが、厳密なものではない。

○平賀源内（本草学・戯作者　四歳年下）

平賀源内（『医家先哲肖像集』）

江戸時代の奇才として名高い人である。有名人のなかではいちばん乗りに長崎遊学。さすが源内さんである。出身は四国高松藩。足軽身分ながら、国では藩主から、江戸では老中田沼意次《たぬまおきつぐ》から可愛がられ、数回の長崎留学をおこなった。杉田玄白ら江戸蘭学グループとも親しい。本草、鉱山関係から油絵に至るまでじつに多彩な才能であるが、外国語は駄目であった。すこし親しみが持てる。現代では、外国語に堪能でないと万能奇才とはいってもらえないだろう。

一回目の長崎遊学は、一七五二年に藩命で一年間、二十五歳のときである。以下は『蘭学事始』にある一七六五年の江戸（長崎屋）での話である。

平賀源内は浪人であるが青木昆陽の弟子。吉雄耕牛と交際深ければ毎日（カピタン逗留の）長崎屋へ行く。吉雄氏、珍しいものがあるといってふたつ出す。――耕牛自作の寒暖計（なり）。源内工夫して三年後に自作。――（※要旨のみ）

耕牛と源内はむかしから仲が良かったと書かれてある。これは江戸ではありえないことであるから、第一回長崎遊学時にすでに深い付き合いがあったのだろう。

一七七〇年、源内四十四歳のとき、田沼意次の口利きで「オランダ翻訳御用」の役目をもらい長崎へ。極厚の阿蘭陀本草《ほんぞう》の本の翻訳の仕事を耕牛宅に持ち込み、長逗留して学んだという。日本に五部しかないという源内自慢のこの本は、前章で将軍吉宗を驚かせたドドネウスの『草木譜《コロイトブック》』だ。フランスの医師で植物学者のドドネウスが著した植物百科事典で、当時聖書につぐ出版部数を誇っていた。薬草にも詳しいので、本草学者憧れの書である。古語、ラテン語が多く、吉雄藤三郎も耕牛自身も翻訳に苦労した。馬田清吉も親子で取り組み、大槻玄沢も幕府から依頼されたが、翻訳不能。最後は吉田正恭なる者が吉雄俊蔵（耕牛の孫）の協力で完成させたようだ。どうも耕牛の晩年の門人のようである。この手の百科事典は、たんに訳せばいいというものではなく、全一五九〇頁にわたる植物種が、中国、日本の植物のどれにあたるかを同定する作業が伴う。いかに語学に熟達した者でも、多くの本草学者の助けとじゅうぶんな期間がないと翻訳できない大冊なのである。

平賀源内は一七七〇年（明和七）、吉雄耕牛から、オランダ本草とエレキテルセイリテイトといえる奇器をつくることを学んで帰ったということが、片桐一男氏の『江戸の蘭方医学事始』に書かれている。出典は大田南畝（蜀山人）の随筆『奴凧』だそうだ。このときにドドネウスの翻訳とともにエレキテルも習ったのだろう。明和五年と七年の遊学については、二年間長崎にいたのだという説もあるが、計三年もいれば語学苦手の源内もすこしは翻訳できるようになるだろう。だから長期の遊学ではないと思う。長崎滞在の記録があればいいのだが、長崎は彼の受け売り雑学のネタなので、いっさい触れない。オランダパビリオンのような耕牛邸のこともまったく書かない。題材がおもしろくて文も達者なのに、惜しいことである。

○前野良沢（医師　一歳年上）

江戸でいちおう青木昆陽からオランダ語を習っているとはいうが、単語程度ではな

前野良沢（『医家先哲肖像集』）

かろうか。口の悪い大通詞西善三郎から「江戸ではオランダ語の学習はできないからやめなさい。青木先生を見てご覧なさい」と忠告を受けた。杉田玄白は納得してやめたが、前野良沢は、反対に長崎へ行って猛勉強をするほうを選んだ。

一七七〇年を最初に二回長崎遊学。『解体新書』の主翻訳者であり、耕牛がたびたびの助言を与えている。出版は時期尚早として杉田玄白と対立するが、最後まで仲は良かったともいう。大槻玄沢は、玄白からの用事（おそらく翻訳質問）で、毎回良沢を訪れた。そのたびに入門を頼む玄沢に対し、なかなか許さない孤高の人だった。晩年にはそれなりに力をつけたが、孤独のなかに没した。

○三浦梅園（医師・哲学者　一歳年上）

一七四五年、一七五〇年、一七七八年の三回来崎。

三浦梅園（三浦梅園資料館蔵）

豊後（大分県）の人。本居宣長や新井白石と並ぶ日本の代表的な学者で、人によっては江戸時代最大の思想家だとする。すこし長くなるが、三回目の来崎の記録から、耕牛と屋敷の様子をみてみよう。おもに三枝博音編『三浦梅園集』（岩波文庫）のものを現代文に直してみる。（↓以下は筆者の解説）

・六日、大村より船で長与に渡る。島多く景色の美しさはいうべくもない。塔崎（堂崎）を越して波静か。長与は沼田に蓮を作っている。西坂口より長崎へ入る。
↓文章どおりの美しい内海である。西坂は、浦上街道が長崎にはいるところで、刑場があった。いまの長崎駅前の丘である。
・七日、祭見物。↓長崎の大祭おくんちである。
・八日、宿所の小比賀《おびか》氏は八百屋町。高木代官の佐《すけ》なり。氏の案内で高木屋敷へ。クジャク、火食い鳥（ダチョウ）、インコ、相思鳥（オランダ鳩）、ペルシャ馬二頭、プードル（むく犬）を見る。

↓　高木氏は長崎代官。「佐《すけ》」は補助官。代官所の敷地は現在の桜町小学校。もとの勝山小学校で、長崎の中心校である。すぐ裏が八百屋町。

・九日、通りでオランダ人に遇う。十日から小比賀《おびか》氏宅に寄宿。

・十三日　小比賀氏曰《いわ》く「オランダ船に乗り込むには、連絡の百石舟の櫓から長い梯子《はしご》をかけて登る。くさりと釘で留めているので安心である。船の中段からブタや羊の鳴き声がする。はねつるべのような仕組みで牛馬の腹に縄をかけ、つり上げ、その仕組みごと小舟の上まで回してからつり下ろす。

↓　家畜は、遠いバタビア（ジャカルタ）から食料用に出島に運びこまれていた。マストの桁《けた》がクレーンを兼ねているようだ。

・十九日、二十日オランダ船一隻ずつ出港

↓　出港日が決められているので、内港は出るが、しばらくは外港で風待ちをする。

・二一日夜　吉雄邸約束の訪問日。公用で不在。オランダ船が通詞に用があるときには合図の大砲を一発撃つそうである。

・二二日、八幡町の本屋で地球（儀）を見る。精巧。十両なり。

・二三日夜　吉雄邸約束の訪問日。またも公用で不在。書物部屋を見学。精密な陰影のある銅版画挿絵の極厚本が並ぶ。どれも獣皮をなめした表紙は、漆でかためられている。壮健な者でも十冊は担げないくらいの重さだ。一冊四―五十両か。天竺本草《てんじくほんぞう》（インドの植物・物産）、阿蘭陀《おらんだ》本草（オランダの植物・物産）を見る。象の歯を見る。庭の銅網の中にロヤール（ナマケモノ）を見る。猿に似て小さい。昼はわらの巣にこもり、夜は巣を出る。灯火を見ると暗いところにいってちぢこまる。顔は白い。

↓ロイアールト。この時代はナマケモノの一種とされていた。東南アジアに住む夜行性の猿スローロリスのことである。直訳すると「不《ぶ》精者《しょうもの》」。一座すれば昼夜動かず――と、志筑忠雄も書いている。

・二五日、吉雄邸訪問。耕牛とようやく歓談。（通詞仲間の）松村元綱氏も来た。耕牛、西学に通ず。西洋の書をたくわえて棚に満ちている。はなはだ客を愛す。一日我を招いて酒を飲ましむ。最初に出された酒の銘は、ゴルトワートル（ゴールドウォーター）。あと四種の洋酒を飲む。棚には、オランダ琴、天球儀（ヘーメルゴロウビス）、地球儀（アールドゴロービス＝アースグローブ）、タルモメエトル（サーモメーター）は寒熱昇降器と訳す。（この温度計は）なんと耕牛自作である。望遠鏡ふたつ、顕微鏡で毛などをいろいろ見る。オクタント（八分儀）。

→ オクタントは、耕牛が日本ではじめて所有したともいう。

オランダは只今は「日動かず、地、日を環《めぐ》る。日の外、皆動く」と見る説（地動説）が専《もっぱ》ら行われている。その動きが説明できる渾天儀《こんてんぎ》がある。ロウベンデアード コロウトという。吉雄亭、奇貨多し。（いろいろあったのに）みんな見て、どれも説明することができず、いまになってこれをうらむ。

ケンフル（ケンペル）というオランダの書は日本のことを書いている。（キリスト教に関する）三四項の禁書、禁句（詞）。禁書名のすべてと処分書籍名とその年度。輸入蘭書の多さに驚く。皆、和本と反対に綴じてある。物産の書では、インド、オランダの本草（植物・物産）を見た。和漢本草・物産は窄狭である。（日本・中国のものは、ぱっとしないの意味）中国の本の地図はいい加減だが、西洋の地図は正確に見える。

→ ケンペルの『日本誌』をながめながらの感想のようだ。この本は、耕牛の先輩通詞今村英生が伝えた日本情報でできあがっている。耕牛は気付いていただろうか。

耕牛曰く、西洋のその昔の教えはヤウドという教えであった。

↓ユダヤ教か。

西洋の天地の始めは、アーダムが肉を切ったらエーハルになった。それから数えて当年が五七二八年目。つまり今年が耶蘇《やそ》降誕《こうたん》以来一七七八年である。

↓アダムとイブから今年（平成二十九）まで、たった五九六七年なのか。

ヘブライ語でアダムとは土。イブは生きるの意味だそうだ。

植字する道具があって、その墨をエンキ（インキ）という。それ用の板をドカクベッテルといい、字のことをベットル（アルファーベット）という。ベットルとは文字で、二十四ある。西洋は皆これで通じる。真行草《しんぎょうそう》の区別あり。すぐに（活字板を出して）自分の名前を印刷して（プレゼントして）くれた。その墨をエンキ（インク）という。

↓むかしはIとJが同じだったそうだ。RとLならわかるが。そのむかしローマに行った遣欧使節の千々石ミゲルは二十三文字といっていたので、アルファベットも増えていることがわかる。また、耕牛が印刷機をもっていたなら驚きだが、たんに活字ハンコではなかろうか。

・二六日　吉雄邸訪問。（不在につき）月の図を写し、蛮書を見る。雲間に人の顔が描かれ、風を吹きおこしている。八幡《やはた》町の松村氏宅を訪問。このことを質問した。

松村氏曰く、帆船は風をみる。東西南北の風を四頭風といい人面を描く。（海図は）平面図をゼーカルト、丸図をランカアルトという。スペエールは、なぐさめ、もてあそびの意味。（カアルト＝カード）それで、スペエールカアルトといえば、ばくちのカルタのこと。コロンボとはインド人。大臣コロンビスがセイロン島を開いた。それゆえにセイロン城下をクロンボと云い、「黒坊」とは当て字である。（以下耕牛の説も交えていろいろと説明する）

↓　松村の説明はじつにわかりやすい。

・二七日　吉雄邸訪問。昼夜行くが、帰りがはなはだ遅い。医学について伝え習う。

・二八日　また吉雄邸に行く。（不在）松村氏に、明・清の詩について問う。松村

（例によってスラスラと）答える。

↓

大学者の三浦梅園から漢詩を問われて答えうるとは、松村の漢学はたいしたものだ。本木良永の天文学書の校訂は松村だが、良永が翻訳したものを確認しつつ、格調高く漢訳したものだろう。蘭語と漢語のどちらにも詳しい。のちに蘭癖大名の筆頭・島津重豪から引き抜かれるわけである。耕牛も親友を失うのは残念だが、たぶん松村は家柄の低い内通詞だっただろうから、友の出世を喜んだことと思う。

・二九日

聖堂の向井玄忠に会って禁書について尋ねる。

↓

江戸に湯島聖堂があるように、長崎の中島川のほとりに中島聖堂がある。ここでだれもが漢籍を学ぶのだ。輸入漢籍を読んで禁書を判定する作業も、おもにここに委託される。現代のインターネット検索と同じように、キリスト教関連の禁止用語を設定し、その単語が載っている本を選り分けて処分する。焼却したり、積み戻らせたりするのだ。担当は博学になるだろう。世界地理に詳しい西川如見の師匠もこの担当者であった。

「西洋の学は天文地理に深く通ずれば、その書国禁なる時は、天文暦術の学欠く事」という理由から、一七一七年、官命によりて禁書の基準から「噂」と「名目」の事項が除かれ、ただ「耶蘇の教えを説く書」のみが禁じられることとなった。「これより西学世におこなわれる」と、三浦梅園は述べている。一般には一七二〇年が漢訳洋書の解禁の年とされている。

耕牛も「昔は西洋の書を読む事も禁なりし故、訳司も西学に通ぜず、今の程は此の国禁もゆるみし程に、書も心よく読む由――」と述べている。まとめると以下のようになる。

①一六三〇年ころからキリスト教禁圧のため、禁書は厳しくなった。
②一七二〇年ころの将軍吉宗の時代に緩められた。
③一七四一年から青木昆陽、野呂元丈が命を受けて蘭学を習いはじめる。
④一八一四年くらいから蘭学が一般に広まる。耕牛没後である。
⑤一八一八年には奨励のお触れも出された。

・三〇日　朝から吉雄邸訪問。法律書を開いて質問していたら、早速二回ほど官からの使いが来て、すぐに出かけていった。

松村にラテン語を質問。松村曰く「文中によく出てきて分かりにくい。調度、ひらがなの中に漢字が入るようなものである」との答え。

吉雄より石筆、眼鏡、痰切り錠（ドロップ）をもらう。松村氏より唐筆。小比賀氏より蝋石の文鎮をみやげにもらう。

長崎の女は結婚しても眉を落とさない。（男たちは）気性荒く出刃包丁で斬り合いをするのが癖だ。諸国より外科の稽古に参集するが、（幸い？）練習台に事欠かない。

↓開港のころの長崎では、切った張ったのけんか沙汰が多かったのだが、この時代もまだなごりがあるのか疑問が残る。

まだまだ逗留して、吉雄、松村に外国のことを聞きたいが、彼らも紅毛の用いまだ片づかず、昼夜一向暇無きゆえ、明日帰国と決めた。

その他、以下のような記述もある。

・耕牛よく西洋書を好む。西洋の律を好む。→法律にも興味があるのか。

・コーヒーを毎朝三―五椀ほど喫するとよく湿を取り利尿によい。

→少し飲み過ぎではないか。

・耕牛曰く、骨折刀傷に膏薬《こうやく》はよくない。洗い薬が良い。焼酎《しょうちゅう》と樟脳《しょうのう》を（消毒に）使う。

→経験則か。本来の南蛮医療は膏薬が好きである。

耕牛邸の様子については、以上、三浦梅園のものがいちばん詳しい。

○**司馬江漢**（**絵師　二十三歳年下**）

日本を代表する絵師のひとりである。一七八八年、一カ月ほど滞在した。杉田玄白、平賀源内とも仲が良い。

以下は、『江漢西遊日記』（芳賀徹・大田理恵子校注）より要旨のみ。一七八八年（天明八）十月の日付である。

司馬江漢（高橋由一筆）

・九〜十日　大村より長井（長与）。時津、浦上を経由。これは本道ではない。——町中石の階段多し。旅館は無し。旅人滞留を禁ず。

↓　長崎の町には旅館がないので、知り合いを頼って寄宿するかたちをとる。最終的な宿泊の打ち合わせは、普通は直前の矢上宿からするそうだ。耕牛の子の吉雄権之助は、のちにシーボルトの門弟たちに吉雄邸を開放したという。

宿屋がないのは、キリスト教を出島と長崎の町で二重隔離するためかと思ったが、一般には糸割符制をはじめとする貿易統制のためではないかといわれる。宿屋禁令の文書は残っていないが、幕末のころの宿屋開設の許可文書はあるという。もっともこの時代、どこの宿場も東海道や中山道《なかせんどう》のように整備されているわけではない。

・十〜十一日　吉雄幸作（耕牛）、本木栄之進（良永）、ふたりとも役所より返らず。（ようやく）日暮れになってふたりで来て話した。翌日、オランダ座敷を見物。

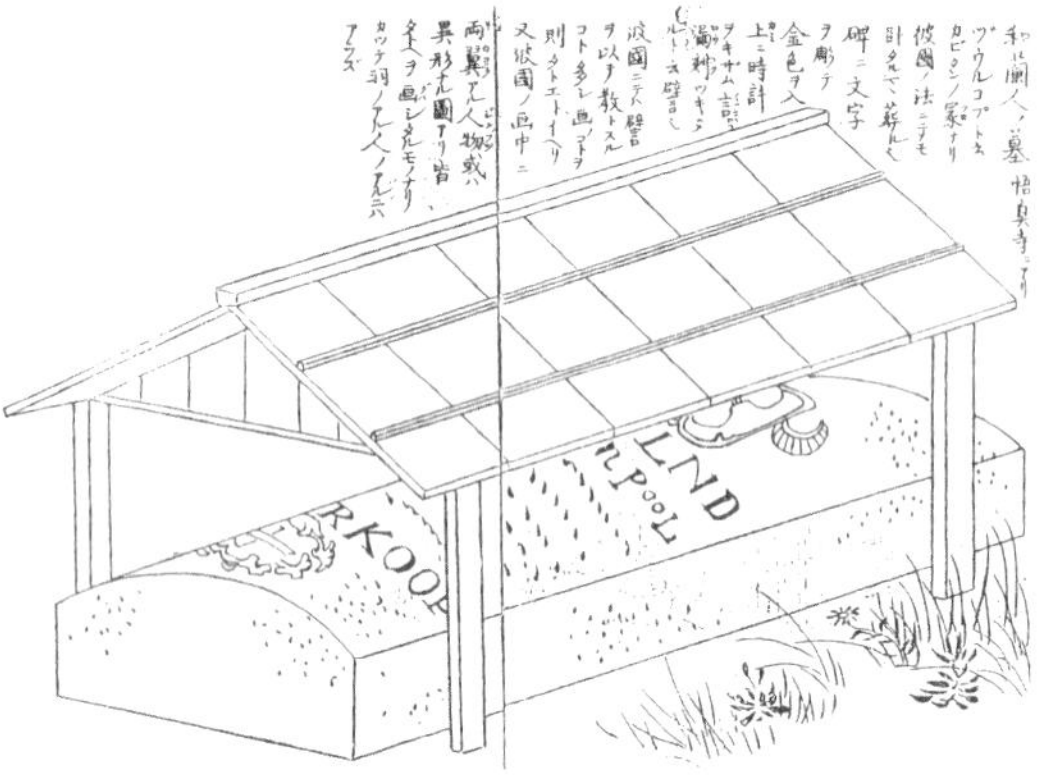

司馬江漢著『西遊旅譚』（西洋への旅での見聞録。出版・寛政年間）に見られる
客死したカピタン・ダークープの墓石のさし絵。

イギリス細工のビイドロ額《がく》、欄間下に掛け並べ、他には椅子を並べ、奇妙なる蘭物を飾り、酒肴を出す。

・二六日　稲佐悟真寺へ行く。唐人、オランダの墓、皆、臥《ふ》したるままにとむらう。――宿に帰って、牛の生肉を食う。味わい鴨のごとし。

・二七日　吉雄定《さだ》之助《のすけ》（通詞・耕牛の子）の文庫持ち（助手）となって、港口の神崎泊地まで行って、オランダ船に乗る。なわばしごを登ること至って難し。大船（の様子）なかなか書にもことばにも述べがたし。とも（船尾）の方に館有り。ビイドロ障子《しょうじ》にして海を望む。石火矢《いしびや》（およそ六十）。帆綱は蜘蛛の巣のごとし。毎朝一発撃つ。慶事には数発撃つ。

これは日本で火で浄めるようなものか。

・二八〜二九日　――長崎の寺々は、とかく妾を抱え、肉食など、常とす。――ブタを煮て商う家があるというので行ったが無かった。

・十一月一日　長崎は暖かな地でコタツが無いところも多い。家は土蔵付きで借り賃十両。（土蔵が）なければ半額。

・三日　夜に入り、石火矢の音、数多く、山々にこだまして稲妻のようにひかってすさまじい。だんだん遠くなっていくと、幸作（耕牛）が「オランダ今夜船を出したり」という。東風で出す。

・五日　――浦上というところは、山羊、豚、鶏を飼い売る所だそうだ。
→オランダ人もバタビアから運ばずとも、浦上村で買えばよいのに。

・六日　（吉雄邸は）勝手（台所）もオランダ風。椅子席で、山羊、小鳥を焼いてボートル（バター）を付けて食う。細工場というところもある。ロクロ、鍛冶道具、奇妙なる形のもの数々あり。

・七日　ついたてに墨で梅を描く。その他、様々絵を描く。酒を飲む。大村町の吉雄定之助の家へ行き、豚を煮て夜食。いたってうまし。

↓　定之助は尾張藩奥医師となった吉雄俊蔵の父である。養家から戻り通詞をしている。ところで、耕牛兄弟や寺の坊さんたちから司馬江漢に至るまでだれもが肉の食べ過ぎである。皆さん、自分たちが江戸時代の人間であるという自覚が足りない。

・九日　幸作をおぢ様（おじいさま？）と呼ぶ四歳くらいの小童あり。実は妾腹の子。蘭語を良く覚えて、牛肉をクウベイス。馬をパールド。サツマイモを与えれば「レッケル　レッケル」（おいしいの意味）とて食いけり。

↓　耕牛六十二歳のときの子なので六二郎《ろくじ》。のちの吉雄権之助である。「せんだんは双葉から芳し《かんば》」。すでにバイリンガルである。通詞の家が幼少期から蘭語を鍛えるのがわかる。それにしても、山本五十六《いそろく》が五十六歳のときの子であるから、六つも勝っている。豚肉のボートル焼きの食べ過ぎではなかろうか。

・十一日　幸作、朝から（ごちそうを出して）酒を勧める。困った。

・十二日　幸作（耕牛）の像を、そうそうたる墨画にする。手に蘭書を持ち、上にエンゲル（天使）ラッパを吹きおる図なり。――薩摩、備中、讃岐《さぬき》、石見――。

方々から（耕牛に）弟子入りしている。自分（司馬江漢の名）を知っている。

↓　このさりげない自慢が江漢さんで、どこか好感がもてる。また、さすがに司馬江漢。この耕牛の本質を掴《つか》んだ構成の絵があれば、万言費《つい》やすより耕牛像が掴めるだろう。天使付きのものをぜひ見てみたいものだ。

　江戸に帰ると「わが国に初めて（私が）地転の説を開く」――地動説は自分がはじめたと江漢はいいだすが、本木良永や吉雄耕牛をオランダ人の範疇《はんちゅう》に入れれば、完全な嘘とはいいがたい。このふたりは、日本語を話すオランダ文明そのものなのである。

　司馬江漢は、受け売りとはいいながら江戸と全国にわかりやすい伝達をした。優れた理解力、表現力である。しかし、日記に出てくる良永は、初日の夜に会っただけだ。この数時間は、挨拶と歓談で消える。その後、良永宅か耕牛宅で、天文学の集中講義を受けたはずだが、まったく書かれていない。結局、いつ講義を受けたかといえば、入り浸っていた耕牛邸のオランダ座敷に並んだ器具と壁に掲げてある絵図で、適時説明を受けたのだろう。また、訪れた良永から、深い指導を受けたのかもしれない。素直に、彼に代わって日記を書けば以下のようになるだろう。

「連日、良永と耕牛の暇をみつけては天文学の講義を受ける。オランダ座敷に並ぶ器具と壁にかけられた図面と照合して、ようやく天体の動きと地動説を理解できた。全国の人がまったく知らない新説なので、これを整理して一般の人にもわかるように出版してみたい」

司馬江漢が著した『西洋画談』に、「ボイスの著書に銅版画作成法が述べられており、先年大槻玄沢氏と共同してこれを訳し、一七八三年、日本ではじめて銅版画を制作することに成功した」と書かれてある。原文は「玄沢氏と謀りて――日本初て草創するものなり」である。

ボイスの本は耕牛の蔵書にある。大槻玄沢が長崎で、吉雄や本木に蘭語を本格的に習いはじめるのが一七八五年。まだこのころは読むのがやっとで、蔵書もないに等しい。杉田玄白は、耕牛直伝とされる梅毒の治療薬で儲けはじめ、蔵書を増やしつつあるころか。しかし大量の蔵書のどこになにが書かれているか、百科辞典的な知識をもっているのは、まだ耕牛しかいない。示唆を受けたのを隠していると思う。司馬江漢は、長崎の絵描きを「下手なり」と切って捨てているが、その割には長崎から戻ると絵の幅を大きく広げている。耕牛や当時の日本の画壇のいっぽうの雄である長崎の唐絵目《からえめ》利《き》きたちから、いろいろと吸収するものがあったはずである。地動説と同じく、ここも本人が学んだ内容を隠していると思う。

また、出島見物のおり、自分は老中松平定信の隠密（スパイ）だと疑われていると書いている。耕牛処罰の二年前なので時期的には合うが、たぶん違うだろう。あまりスパイには向いていない人物だと思う。

佐藤中陵（茨城県立歴史館蔵）

○佐藤中陵《ちゅうりょう》（本草学　三十八歳年下）

一七九七年来崎。全国に名高い本草学者で、諸藩から召し抱えられた。水戸藩では弘道館教授。

本草学は中国生まれの学問で、身の回りの自然物、動物、植物、鉱物から、人に役立つ物を調べ整理する学問である。基本は薬草研究なので、本草学という。いまでいえば薬学に、鉱物学と一部動物学も入れたものか。江戸時代なので、薬種・物産研究である。本草学者でありたかった平賀源内が物産展を開くのは自然なことである。

佐藤中陵は本格的な本草学者として全国を回り、さまざまな記録を『中陵万録』として残している。以下は、彼が長崎の耕牛邸を訪問しての問答である。

・吉雄耕牛曰く「雌牛《めうし》を飼い、その乳をとり、毎日茶碗にスプーン一杯少しずつサシ飲む。茶も甘くなりはなはだ良い。三十日飲めば淫事を忘れる。身体ははなはだ壮健。オランダの人、ことぶき（長寿）を保つの薬なり」

↓ 緑茶にミルクを垂らすだけで、健康長生きとは素敵である。

・紅毛本草コロイトブック（ドドネウスの草木譜）を吉雄（耕牛）に訳してもらう。吉雄は、彼《か》の国の文字に通じており、いちとして通解《つうげ》せざるなし。およそかの国の学問は真物《しんぶつ》に随《したがひ》て見る所の説を尽くす。

↓ 欧州の学問は実際のものを観察して、考えを尽くす——の意味。実測究理である。原書をすらすら読みながら、かたわらの者に筆記させる様子が他の資料にも見られる。忙しい耕牛は、翻訳者というより、同時通訳者のようである。

・オランダ船には七十五人乗っており、そのうちオランダ人は三十五人。黒奴はジャカルタで買い求めたインドの人々。ジャカルタ、ジャワの人も多い。病気になったら殺す。

↓　奴隷に対する非人間的な扱いについては、日本人も唐人もあきれるばかりである。安い奴隷は現地で銅二本分で買われたそうだ。

・豚の子を生きながら四足をくびりて炭火の上に釣りて生焼きとして――日本人「これを見るに忍ばず」という。解体前の羊は涙を流すという。

↓　このあたり唐人は平気だそうだ。日中蘭の違いがおもしろい。

・ポンス。オランダ人、夏の暑を防ぐためにポンスを飲む。南蛮の焼酎・アラキという酒二合に、橙《だいだい》の酢を入れて白砂糖を加え、沸かした後、水を加えて飲む。はなはだ冷たくておいしい。

↓　これがポン酢で、本来は酒のことであったが、日本では調味料となった。

・（ワニを）海鰻《カイマン》と長崎の人はいう。ジャカルタに多い。オランダ人は、（日本人が）

長崎の川に入りて水浴するを見て、恐れ驚く。オランダでは、コロコデル（クロコダイル）という。その形、ヤモリのごとく、口ははなはだ大なり。四足の形は絵の竜のよう。皮は堅硬で（向こうの国の）名刀でも切れないが、日本刀なら切れる。この生き物、人の水中に浴するを見るときはたちまち来て取り食う。刀で切れないため、勝つことはできない。

先年黒奴が取ってきたものを耕牛が請うて庭中に飼う。毎日ドジョウを与える。長じて尺余に至る。大いに口を開き、きいきいと鳴いて人を驚かす。日本の寒気にははなはだ痛み、動きがたし。ある時耕牛、焼きめしを食べさせたところ一晩で死んだ。

↓　海鰻《かいまん》とは当て字で、中南米のワニのことを英語でカイマンという。

・麻は五穀の一である――この説さだかならず。古人、単に麻とはみな苧麻《ちょま》（カラムシ、イラクサ）のことなり。いまいう麻は本草の大麻なり。別名火麻。この花に毒有り。人を酔わしむ。麻にもまた人を毒することあり。栽培は海辺より乾燥した内陸が向く。

↓　古代日本で麻薬が生産されないのは、同じ麻でも種が違うからか。

・先年オランダ人、一獣を載《の》せ来たる。ロイアールト。ロイは不勝（ぶしょう）、アールトは性。不精者《ぶしょうもの》という意味だ。猫の大きさで猿のよう、顔は墨のように黒い。あごひげは白く長い。一日に二〜三尺進む。人がいないときは出てきて徘徊《はいかい》するという。

・耕牛曰く、オランダ船は木材を重ねて造り、漆《うるし》にて塗り固め、いかようの岩角に載《の》せかかるとも少しも動くことなし。なかの荷物を外に出せば船は自ら倒れる。故に荷物を出せば、また外の荷物を入れ易えす。とはいえ毎度、日本渡海の船底を破りたるを聞く。

　↓　とはいえ日本航路は海難が多く五隻に一隻は失われる。

・竹島はわが国の島で、大竹が出るのでこれを取って売っていた。近ごろ朝鮮人が多く来たって、こちらの船を見れば鉄砲を撃ってくる。この島、日本の属島なれども遂《つい》に朝鮮に取られたり。

　↓　竹島のことも書いてある。明治に取り返して、また取られたわけか。松江藩がまず責めを負うべきだ。松平不昧《ふまい》公も茶なんぞ飲んでいる場合ではなかろう。

吉雄邸とオランダ座敷

以上の訪問者たちの話から、耕牛のオランダ座敷が想像できただろうか。庭に植物園と動物園。工作所、吉雄塾（成秀館）の門弟・最低六百人とくれば、常時十人はいるだろう。お妾さんもいる。これだけのものを平均四十坪、広くても百五十坪程度の長崎の町家に詰め込むのは無理というものだ。肝附家、吉雄家、吉雄医家の三軒が並んでいて、それを併せたのだと勝手に考えても、三百坪程度。これでもはいらない。塾と病院の部分は、崖下の樺島町にべつに地所を獲得していたものと思う。旧市街の郊外、いまでは市街となった西山や片淵、鳴滝や小島には、唐通事や町年寄の広い別荘が多い。耕牛も郊外に別荘を持てば、塾も動植物園も広く取れただろう。金はあったので、ひたすら忙しかったのだろう。

司馬江漢や三浦梅園の訪問記録には、予約しておいたにもかかわらず一週間も二週間も延期され、なお帰宅が遅かったり、突然公用がはいって耕牛が出て行ったりするようすが書かれている。これは、奉行所やカピタンからの要請ばかりではないと思う。たぶん同僚や後輩通詞が、通訳に困って助けを求めてくるのではなかろうか。仕事というものは、とかくできる者のところに集まってくるものである。能力が高くて面倒見の良い耕牛が、多方面に飛んでいって解決してあげていたのだと思う。

耕牛邸のギヤマンはどのようなものだったのか。耕牛と親しいツンベリーの記録に、「(日本では)平板な窓ガラスはつくれなかった。近年ヨーロッパ人にこの技術を教わり、窓ガラスをつくって自分の家に使用したという者があった」とある。長崎の町では十七世紀から外科の道具を製造販売している。耕牛は銀屋町の業者にカテーテルをつくらせているから、窓ガラスも耕牛だろうと当初は思った。しかし司馬江漢は、出島カピタンの部屋とオランダ船の船尾の館窓《やかたまど》を「ビードロ障子《しょうじ》」といい、耕牛のオランダ座敷を「ギヤマン額《がく》掛け並べ」と、区別している。これはやはり輸入品の飾りガラスを掛け並べていたものだろうか。

耕牛邸のワニについては、民家でワニを放し飼いなど聞いたこともないので、古賀十二郎の『西洋医術伝来史』から再度まとめてみる。まず頼んでもらってきたからには、耕牛はやはり動物が好きで、興味があるのだろう。

旅行好きな京都の医者橘南渓《たちばななんけい》（一七五三年生まれ、天明二年に来崎）の『西遊記』には、「四尺にして生きている。はなはだ勇猛にして、人を見れば食わんとする気色あり。長く飼ったが用心にもてあませしほどなりと聞いた。死せしという」とある。

前記の佐藤中陵《ちゅうりょう》の『中陵漫録』には、「一七八〇年、バタビアから、ダ竜・コロコデルを庭中に養う。大きさは尺余——」とある。近所の志筑忠雄が書いた『万国管《ばんこくかん》窺《き》』には、「長さ二尺。怒気を発し、大いに口を開く」と書かれている。

以上を考え合わせると、四十センチから七十センチの子どものワニである。四尺＝一・二メートルもあったならば、庭の散歩も命がけだ。「幾年飼われようと、その主を食わんと欲す。忠義の心、さらになし」の生き物である。

つぎに耕牛邸でおこなわれていたオランダ正月。これは実体験をした大槻玄沢の記録からみてみよう。

○大槻玄沢（医師　三十三歳年下）

一七八五年来崎。仙台藩支藩、一ノ関藩の藩医の子。杉田玄白の一番弟子である。前野良沢が本藩の藩医工藤平助に紹介。工藤平助は仙台本藩への移籍をすすめた。長崎遊学は長子が生まれたころで、費用は杉田玄白と蘭学好きの朽木侯が折半した。

宿所は本木良永宅。たぶん耕牛が、時間に余裕があって高い語学力を持つ本木良永を紹介したのだろう。それで、天文学もついでに習ったと思う。耕牛には外科や包帯

大槻玄沢（『医家先哲肖像集』）

術も習い、良永の子の正栄や志筑忠雄とも友達になった。出島にもはいり、一緒に泊まったりもしたという。

耕牛邸で開かれる「オランダ正月」には、奉行所の役人、長崎会所の人たち、町乙名《おとな》たち、長崎のセレブである町年寄の奥様方も招かれている。森島中良の『紅毛雑話』に玄沢が記録したメニューがある。

まず、スープにはじまり、魚フライ等三種、豚料理二種、山羊、鳥、鹿肉の丸焼き、鴨の叩き、丸煮、人参のいためものなど。デザートはカステラ二種、タルト、スィートアップル……。油ものが多いので、準備、片付けが大変だったろう。耕牛邸のほうが西洋暦の一日におこない、出島の本家オランダ正月が耕牛に遠慮して二日に開いたそうだ。毎年のことではなかろうが、耕牛の勢威のほどがわかる。大槻玄沢は酔いつぶれてそのまま耕牛邸で寝込み、本木邸には帰れなかった。よほど楽しかったのだろう。

長崎から帰って書いた『蘭学階梯』は入門書である。この本はベストセラーとなり、家塾芝蘭堂《しらんどう》には多くの弟子が集まり、江戸蘭学の中心地となっていった。

出島の阿蘭陀《オランダ》正月

日本語を学ぶことが禁じられているオランダ人は、日常生活のすべてを通詞をはじめとする日本人たちの世話になる。そこでお礼かたがた、正月に皆を招いてフルコースのオランダ料理でもてなす。会所調べ役、検使の役人、町年寄、オランダ通詞、出島乙名《おとな》、組頭、大工、コック、業者（コンプラドール）、出入りの職人。それらの夫人たちまで招き、子ども連れもOK。日本側からの贈り物には、旧暦正月にお返しを現金でする。カピタンは、この行事を終えたあとに江戸参府へ出発する。以下、『長崎名所図絵』から会食の様子を要約してみる。

箸《はし》ではなく、三つ叉《また》ホコと刀、さじの三つで食事をとる。ホコにて肉を刺し、刀を以て切り、サジですくって食べる。毎回、食器を取り替える。メニューはみそ汁と魚に始まり、牛馬の油炒め、焼き物十種。途中、みそ汁が二回も出てくる。

（シチューのことである）

メインは豚や野菜のボートル煮（バター料理）四種と魚。デザートは、紙焼きカステラ、タルタ（タルト）、クウク（クッキー）他二種。酒は三種。日本人は誰もがほとんど手を付けずに自分の町へ持って帰る。

（『長崎名所図絵』長崎文献社）

↓　高カロリー食は薬として服用できるので、食べてしまうのはもったいないのだろう。料理をもって帰って医療用に使うわけで、医食同源である。

江戸のオランダ正月と蘭学者番付

芝蘭堂の「新元会」という新年宴会は一七九五年から大槻玄沢が、耕牛邸でのオランダ正月をモデルに、二代にわたって長く実施した。

次の絵には、ワイングラスとフォーク、ウニコール（ユニコーン・一角獣）の掛け軸も見える。一角獣の角は高価な薬であったが、効き目は本当にあるのだろうか。西洋医聖の掛け軸はヒポクラテスか。椅子に西洋の正装で座るのはロシア帰りの大黒屋光

「芝蘭堂新元会図」（早稲田大学図書館蔵）

太夫らしいが、島津重豪《しげひで》との説もある。料理、食器、家具、調度――どれも耕牛邸の本格的なものとは比較すべくもないが、絵が残っているため、いつもこちらが教科書に使われている。

　蘭学者見立て番付とは、江戸でのオランダ正月の席上、出し物として配られたものである。年寄りと勧進元は、玄白グループの四人。東西の番外の大力士は、骨格模型で大当たりをとった広島の星野良悦と、その年の江戸番オランダ通詞楢林重兵衛である。西の大関（いまの横綱）の石井庄助とは元通詞馬田《ばだ》清吉のことで、辞書『江戸ハルマ』をつくった実力者である。

以前、大阪の史跡・適塾で、大坂の「町医師番付」を見たことがある。緒方洪庵がのちの番付では大関にあがっていて、人気の上昇が感じられた。この手の番付は、大阪の町では実用品のようである。

それに比べると、この番付は、長崎通詞団と蘭癖《らんぺき》（オランダ狂い）大名たちが除かれているので実用品とはいえない。まともに全国で蘭学者番付をつくればどうなるだろうか。

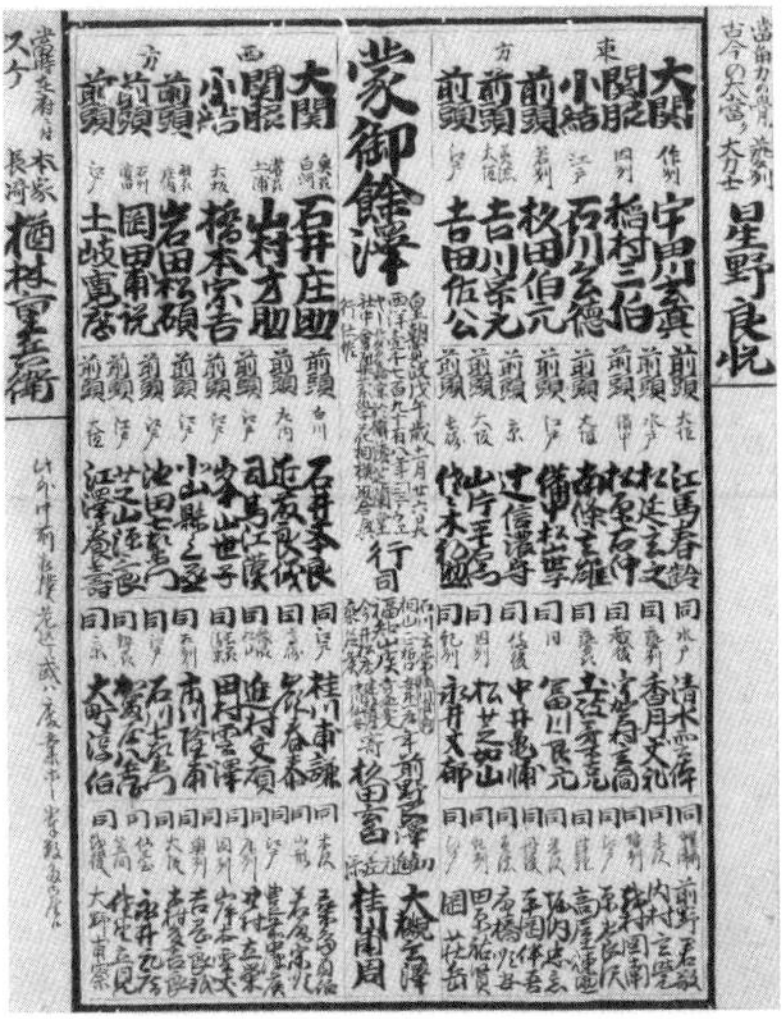

蘭学者相撲見立番付（早稲田大学図書館蔵）

一七九八年の作製ならば、本木良永は没しているので、東西の大関は吉雄耕牛と志筑忠雄。関脇、小結以下も通詞団で占めるだろう。本木正永、吉雄権之助以下の志筑忠雄の高弟たちに加え、何人かの蘭癖大名も前頭上位にはいる実力がある。殿様たちは恐れ多くて除外し、本家のオランダ通詞は江戸番通詞だけを入れたものだろう。この番付は、あくまで江戸蘭学を中心とした番付であって、何の問題もない。問題は、これが全国の蘭学者番付のように引用されるところにある。

2　江戸での門人たち

長崎屋での短期集中講座

オランダ座敷を訪れた長崎遊学組とはべつに、短期集中講座の江戸門人組がある。オランダカピタン江戸参府に合わせて長崎屋に集まる人々に講義するのである。オランダ人の江戸滞留は平均二週間。侍医の桂川甫周をとおして老中に訪問許可をいただくかたちをとる。多数いるが、杉田玄白率いる「蛮書同学の者」は、前野良沢、大槻玄沢、宇田川玄随、森島中良（桂川甫周の弟）など。前野良沢と大槻玄沢は長崎遊学組に入れたので、はずすことにする。この項の人物たちは、例年の江戸番通詞から習うので、正式に入門した杉田玄白以外は、耕牛の正式な門弟とはいえない。とくに将軍吉宗の命を受けた青木昆陽、野呂元丈は、耕牛から習ってはいても、カピタンとの問答通訳時は上司格になる。

○青木昆陽《こんよう》（将軍吉宗側近・儒学者　二十六歳年上）

青木昆陽（『医家先哲肖像集』）

将軍吉宗に仕える儒学者で、命《めい》を受け蘭学の初歩的な入門書を書いた。甘蔗《かんしょ》先生としてサツマイモの栽培で有名である。長崎に二年遊学したといわれるが、近年の説では、毎年江戸に来るオランダ通詞から習っただけだといわれている。どちらだろうか。長崎で二年間みっちり修行したら、蘭語も相当できるようになると思う。口の悪かった通詞西善三郎から、「江戸での勉強が駄目な例・青木先生」としてあげられているので、長期の長崎遊学はなかっただろう。

○野呂元丈《げんじょう》（将軍吉宗側近・本草学　三十歳年上）

将軍吉宗の命で、青木昆陽と蘭学の研究をおこなった。本草学者なので、ドドネウスの『草木譜』に取り組み、吉雄藤三郎の時代から毎年少しずつ通詞たちに翻訳してもらった。彼が著した『オランダ本草和解《ほんぞうわげ》』は、あくまで聞き書きの抄訳である。

野呂元丈（『医家先哲肖像集』）

○杉田玄白（医師　九歳年下）

小浜藩十万石の江戸詰め藩医。一七六九年、江戸で耕牛に入門。江戸での門人代表として、本稿には全編をとおして出てくる。再掲すれば、大通詞の西善三郎から諭され蘭語習得を断念。その後、『ターヘル・アナトミア』の詳細な解剖図絵に感動し、グループ翻訳を志し出版した。耕牛の甥である荒井庄十郎を自分の天真楼塾の講師に迎え、桂川、中川、宇田川、朽木《くつき》侯、島津侯を教えさせ、耕牛には大槻玄沢の長崎遊学を頼んだと思われる。江戸蘭学を喧伝、多くの優れた後輩を育てたが、長崎蘭学を不当に貶めたことで功罪相半ばすると考える。

○桂川甫周（奥医師　二十七歳年下）
『解体新書』翻訳組にして代々の幕府医官。『解体新書』のころはまだ和訳できなかったが、しだいに力をつけ、やがて、大槻玄沢とともに江戸蘭学の中心となり、幕府からの翻訳依頼も受けるようになっていった。弟の森島中良の『紅毛雑話』がおもしろい。「森島」が桂川家の本当の姓である。

○中川淳庵（医師・本草学　十五歳年下）
杉田玄白の同僚の江戸詰め藩医である。毎年参府のオランダ通詞から学んだ。『解体新書』翻訳組で、桂川甫周とコンビを組んでいつも登場。

3　西日本の門弟たち

○合田《ごうだ》求吾《きゅうご》（医師・『紅毛医言』著　一歳年上）
讃岐《さぬき》国（香川県）の和田浜で代々医業をいとなむ。解剖の先駆者、山脇東洋の弟子である。一七六二年、三十九歳のときに来崎、耕牛・作次郎兄弟が訳述するオランダ内科書（内治書）について筆録。五冊にまとめた一冊目が『紅毛医言』（紅毛医述）である。二カ月半、耕牛宅に寓居し、日記風研究ノートを残しているが、『解体新書』翻訳十年前だというのに、詳細な解剖図が模写されている。「紅毛の医学は外科ばかりかと思っていたら内科もあって嬉しい」とも書かれてある。内科には欧州産の生《しょう》薬《やく》が多く必要なので、東洋では外科が中心となるのである。弟子の永富独嘯庵《どくしょうあん》と孫弟子の亀井南冥《なんめい》に長崎遊学を勧めている。

長与健夫氏の「合田求吾の『紅毛医言』について」および、酒井シヅ、小川鼎三氏の「『解体新書』出版以前の西洋医学の受容」に、『紅毛医言』の内容が載《の》せられている。腹水穿刺《ふくすいせんし》、カテーテル、コルセット、帝王切開についてなどである。トルコ式種《しゅ》痘《とう》は一七九三年の出島蘭館での講義が最初と思われていたが、三十一年前の耕牛の講義録のなかにすでにある。

「種痘はエジプトにはじまる。——手足に鍼《はり》で傷つけて、そこへ膿《うみ》を付ける。——風《ふう》寒《かん》熱などもなき時、常々なる時に（元気なときに）之をなすべし——」

このトルコ式種痘は、安全な牛痘《ぎゅうとう》方式に先立つ人痘《じんとう》方式で、すでに出島や長崎の町で散発的におこなわれていた。一七二〇年にイギリスに伝わったので、耕牛の講義はその四十年後になる。江戸幕府の鎖国で三百年遅れたとよくいわれるが、たいていのものは五十年以内に出島からはいっている。

○合《ごう》田《だ》大介（医師・『紅毛医術聞書』著　十四歳年下）

合田大介は十五歳下の求吾の弟である。一七五五年、十八歳のとき、兄求吾の命で来崎。耕牛と弟作次郎から二年間学び、その後も兄の命で、さらに数回来崎し学習を重ねた。四十歳のとき、危篤《きとく》状態の作次郎から最新のオランダ医書を代わりに訳すよう頼まれた。このころまでには、語学では弟子筆頭といわれるくらいになっていた。

以下は、長与健夫氏の「『紅毛医術聞書』にみる合田大介のカンケル論」より要約。カンケルとは癌のことである。

（カンケル＝癌は）婦人の乳に多い――男女ともに四十過ぎから出る――初期の梅《ばい》核《かく》（梅の実）のようなときに切り取るのが良い。（発生した）場所によって科治《かち》（外科治療――手術）の難易がある。ウツる（伝染する）というが、ウツったのを見たことはない。切り取って長生きした者も十人に三人はいる。

○永富独嘯庵《ながとみどくしょうあん》（医師　八歳年下）

一七六二年来崎。幼時は神童であったという。解剖で名高い山脇東洋の高弟にして、合田求吾の後輩弟子であるが、漢方・古方派に欠けるところは西洋医学で補うという考え方の持ち主であった。合田求吾の『紅毛医言』に、年下の弟子ながら序文を書いた。そのなかでこう述べている。

「紅毛の政《まつりごと》、人を剥《は》ぐを禁ぜず」（欧州では病理解剖が許されているとの意味）「西遊して長崎に到り訳司・吉雄氏に就《つ》いて彼国《かのくに》の語に通じることを得たり」

長崎で吉雄耕牛に学んだのち、三一歳のとき、大坂で開業した。彼の著『漫遊雑記』のなかに、乳ガンについて「その初発梅核のような時に快刀を以てこれをさき、後に金創（刀傷）の（治療）法によってこれを治す」とある。これは前記の合田大介のノートとまったく同じ内容なので、耕牛の講義録からだろう。これを紀州の華岡青州が読んで、麻酔術を研究、世界初の全身麻酔手術をおこなうことになる。

麻酔なしの切開手術など考えるだけでも嫌であるが、耕牛は麻酔にあまり興味はなさそうだ。ひとつには外科の名人である耕牛のところに運び込まれる患者は、事故やけんかですでに切られた状態なので、麻酔して切るという順番ではない。それで術後の痛みのほうを問題視している。「痛み強きときはアヘンを煎湯《いりゆ》に加えて飲ませる。ケシの類も良い。アヘンを使うのは、おもに術後よく眠らせるためだ」と書かれている。乳ガンの手術については、フランスで提唱されたのが一七七四年なので、日本が追いつくのはけっこう早いといえる。二十年も経っていないと思う。

亀井南冥（亀陽文庫能古博物館蔵）

○亀井南冥《なんめい》（医師・学者　十九歳年下）

一七五九、一七六一、一七六八、一七七二年の四回来崎。永富独嘯庵の高弟であるが、師の『漫遊雑記』の序文を頼まれたほどの秀才である。

　福岡黒田藩にはふたつの藩校があった。東の修猷《しゅうゆう》館と西の甘棠《かんとう》館である。亀井南冥は甘棠館の祭主（学長）をしていた。儒者にして医者でもある。志賀島で金印が発見されたとき、すぐに史

金印「漢委奴国王」（福岡市博物館蔵）

書をもとに漢の国から倭の国（日本）にわたされたものだと説明。無学な者たちに鋳つぶされないよう、保護に努めて学名をあげた。辞書『江戸ハルマ』をつくった稲村三伯の師でもある。

一七六一年春には師匠の永富独嘯庵と来崎。毎回耕牛邸を訪ねたと思われる。耕牛と同じく、寛政の改革で松平定信から処罰された。「寛政異学の禁」に引っかかったのである。甘棠館《かんとうかん》もこのとき廃校にならなかったら、修猷館《しゅうゆうかん》と並ぶ名門校としていまに残っていただろう。校名は、周の名臣・召公《しょうこう》が甘棠の木の下で休んだ故事による。

麻酔について

耕牛没後四年めに、紀州（和歌山）の外科医華岡青州《はなおかせいしゅう》が世界初の全身麻酔手術をおこなう。工夫作製した麻酔薬は、『三国志』に出てくる伝説の聖医華陀《かだ》の麻沸散《まふつさん》の名前を取り、のちに改良して通仙散と改めた。

その製法は、猛毒のマンダラゲとトリカブトを混ぜて、死の効能が働かないよう、プラス六〇パーセントほど各種の薬草を配合するものだ。人体に危険なところは、耕牛がツンベリーから教わった梅毒水銀治療法と似ている。こちらも一歩まちがえば、水銀中毒だ。毒こそ薬であるとの考えは事実で、マムシの毒のように、薄めれば薬になるものがたくさんある。しかし、さじ加減ひとつで患者を殺すので、腕の立つ弟子に秘密裏に伝えるしかない。そのため、華岡青洲も自身のつくりだした麻酔術について、出版はしていない。

麻酔にちかいものは古代からある。大麻、アヘン類と薬草マンドレイクを組み合わせた薬液を、海綿に染みこませてから吸わせる。仮死状態を思わせるほどよく眠るが、切開手術には耐えられないと思う。大麻を吸わせるから「麻吸」でもいいが、酒も使うので「麻酔」でもいい。用語を確定したのは玄白の孫の杉田成卿《せいけい》である。麻酔にまつわる西洋の話に以下のようなものがある。

致死量となる薬の調合を依頼された医師が、怪しみながら死ぬぎりぎりの量を処方した。案の定、殺人事件となり、医師は証人として喚問《かんもん》された。「たぶんこんなことだろうと思って薬の量を変えた。殺人はおこなわれていない。いまごろは墓場で生き返っているはずだ」と述べ、実際そのとおりであったそうだ。

御霊屋《おたまや》に置くだけの葬儀習慣の国ならば、目覚めても安全だ。こうしてみると、『ロメオとジュリエット』に出てくるロレンス神父は、このマンドレイクを使ってジュリエットを麻酔状態・仮死状態にしたものか。もちろんフィクションだが、もとにした実話はあるそうだ。神父の台詞《せりふ》は本草学《ほんぞうがく》の定義についてよくまとめられているので、読む値打ちがある。


太陽が燃えるひとみをあげて夜の露を乾かし終わらぬうちに、毒ある草花、尊い薬液をもった花々を籠《かご》一杯摘まねばならぬ。草、木、石、それらに備わる奇《く》しき効験《くげん》にはまことに驚くべきものがある。この世に生きとし生けるもの、それはいかに有害なものであっても、なんらか特別の効験を、世に与えないものはない、と同時に逆にいかに益あるものとても、一度正しい用法をあやまらんか、その本来の性に反して、思わぬ濫用《らんよう》の害をなさぬともかぎらぬ。用法その当をえざれば、徳そのものが悪となり、活用しだいでは、悪も時に立派に役に立つ。

（シェイクスピア著・福田恆存訳『ロミオとジュリエット』）

薬草、毒草による医療の必要性と危険性、薬も濫用で毒となり、毒も活用しだいで薬となるという、用法上の注意までが、短い台詞のなかに格調高く述べられ、このあとに麻酔の実習がくる。脇役のどうでもいい台詞のなかにも学問の真実があっさりと数行で書かれている。さすがシェイクスピアである。

マンドレイクは題材がおもしろいので、「ハリーポッター」とか「シンドバッド」とか、いろいろな映画や漫画に人面草として出てくる。引き抜く際の悲鳴を聞いた者は死ぬので、まず犬に結び、遠くから犬を呼んで収穫する。もちろん犬は死ぬそうだ。「あの土から根こぎにされる曼陀羅華《まんだらげ》の悲鳴、それを耳にした人間はそのまま狂気になる――」

これは、ジュリエット姫が神父からもらった薬瓶《くすりびん》を前にして、飲むのをためらう台詞である。マンドレイクを曼陀羅華《まんだらげ》と訳している。姫はこの仮死薬の成分がマンドレイクであることを知っているようだ。マンダラゲは朝鮮朝顔といって、西洋の薬草マンドレイクとは別だがよく混同される。どちらも茄子《なす》科の植物で効能も似ているからだろう。

ところで、耕牛の後の吉雄一統の塾名は青嚢《せいのう》堂だ。青嚢といえば、医聖華陀の「青嚢の書」であるから麻酔に興味があったのだろう。しかし権之助などは医学より語学の達人として知られている。

4　耕牛が育てた江戸の警世家《けいせいか》たち

危機を説く吉雄耕牛

江戸時代、ロシアの侵略を警告した人物といえば、『赤蝦夷風説考《あかえぞふうせつこう》』を書いた工藤《くどう》平助《へいすけ》と『海国兵談』を書いた林《はやし》子平《しへい》である。工藤平助は大槻玄沢と同じく仙台藩の藩医。林子平は仙台藩の侍である。ふたりは経世家《けいせいか》とされているが、ロシアの脅威を説くので警世家《けいせいか》と書いてみた。その前に、まずは耕牛自身だ。三浦梅園に危機を説いている内容を彼の著書『帰山録《きざんろく》』から要約してみる。『赤蝦夷風説考』に文体が似ているが、こちらが本元《ほんもと》である。

国家のために東北（北海道、樺太、千島）を心配す。西洋人が、よその国を奪うときには多くは兵を動かさず。我が国の東北は蝦夷《えぞ》の地なり。蝦夷の北辺すでに西洋人に取られたり。もし南下して蝦夷（北海道）を取られれば、我が国常に北方の患《わずら》いあらむ。けだし西洋人がよその国を奪うときは、色、酒食で饗応《きょうおう》。財貨を与え人心を移し、そのうち己が要害を固め、人心すでに移るの後、一挙してその国を取る。兵を用いるを大下策とす。（以下、実例がつづく）

西洋人の知謀の巧みさ、かくの如し。今、蝦夷の地が我が東北にある。――我が国も西洋人の術を用い、恩を以て撫《ぶ》し教えを以て開き、穀食の美を知らしめ煙酒を贈り、人心我に帰するようにすれば、彼らは喜んで帰服すべし。――北門これによりて固かるべし。かく取り易い国をとらずに、もし西洋に蚕食《さんしょく》させられば国家あに北顧《ほくこ》の憂《うれ》いなからんや――。

（三浦梅園『帰山録』国会図書館蔵）

弟子の志筑忠雄も耕牛と同じ意見であるが、別項で述べたい。

北海道への往来は平安時代にはじまり、本格的な入植は鎌倉時代からである。函館の地は便利であるがゆえに、蝦夷《えみし》の攻撃を何度も受けた。結果、その攻撃を逃れ得た辺地の松前城が中心地となった。カラフトアイヌは一般には北海道アイヌが海を越えて入植したものといわれる。

○工藤平助（医師　十歳年下）

杉田玄白、中川淳庵と同じく江戸詰め藩医である。（仙台藩）

江戸番通詞で出府してきた耕牛みずからが、ロシア情報をみやげに工藤平助宅を訪れたという。本当だろうか。普通は、蘭学者の皆さんがカピタン定宿の長崎屋に押し寄せてくるもので、オランダ大通詞みずからが駕篭《かご》を飛ばすということは考えられないことだ。職責にも反する。修学旅行引率の教師が宿を抜け出すようなものだ。なにかあれば切腹ものである。

工藤平助は、耕牛からもらったオランダみやげを売って、大もうけをした。本人に貨殖《かしょく》の才があったとよく書かれているが、ただでもらった物の転売ならだれでも大もうけできるのではなかろうか。耕牛は、新たなロシア進出の資料を渡すことで、江戸での工藤平助の一層の警世宣伝活動を期待したのだろう。江戸に蘭医学興隆をもたらした杉田玄白の働きのように。大金に化けるオランダみやげも、警世宣伝活動の礼金のつもりだと思う。

代表作の『赤蝦夷風説考』と並ぶ著作が『報国以言』。鈴木康子氏の論文「工藤平助『報国以言』と一八世紀後期の長崎貿易政策」に詳しく書かれている。その内容は、日本国全体での抜け荷（密貿易）の状況とその金額の推計や、その弊害と対策、相場全般の心得など。とくに銅相場や朝鮮人参について詳しい。さらに異国交易における心得や、価格操作の方法について、銀と銅のオランダや中国での相場、江戸と長崎の官製相場と民間の相場について――と詳細だ。

一読して唖然とする。長崎に来たこともない、はるかに遠い仙台藩の医師工藤平助が、長崎貿易の問題点とその改善策を、微に入り細に入り綿密に論じている。オランダや中国との複雑な長崎貿易の仕組みについて裏も表も知っている。まるで長崎会所のベテラン事務官のようだ。これはだれが見てもゴーストライターは、貿易実務の担当官であった耕牛である。

ロシア南下を危険視する吉雄耕牛のロシア観に対し、工藤平助は「これはオランダの告げ口外交であろう」と、『赤蝦夷風説考』の上巻で述べ、正しく判断したとされている。正しいかどうかは百年スパンでみるべきだろう。耕牛は、中国北方の領地をかすめとったロシアのやり口に詳しい。短期的には、補給に窮して日本に秋波を送る、安全で友好的なロシアの姿もあるが、長期的には領土を掠めていくのがロシアの体質であることを知っている。

『赤蝦夷風説考』の下巻について工藤平助は、「自分の見解を述べたものではない。自分は蘭学が未熟であって、蘭書によって考えるだけの能力がない。蘭学者に尋ねて聞いたところを記したものである」と、はっきり書いている。内容はロシアにまつわる歴史・地理一般である。以下は佐藤昌介編集『日本の名著　工藤平助』（中央公論社）から。一部平易な文に換えさせてもらった。

自分（工藤平助）が（一七八一年に）博学の士にひそかに尋ね、回答を得た。

Q．国名をどうしてオロシャというか？

A．オランダの書物のうち、一七四四年版の『ベシケレイヒング・ハン・リュスランド』という本がある。ベシケレイイヒングとは記録の意味。ハンは助字で「の」にあたる。（ロシアランドの記録という題名か）

もう一冊は、一七六九年出版の『ゼヲガラアヒ』（万国地理書）。

この二冊の書物によって考えると、——都の名はムシクハ。またはモスコビヤ。本国・属領合わせてオロシアという。古代はヨーロッパ州にあったが、今は全世界の半分を保有している。ダッタンの故国シベリアをことごとく征服して、——北アメリカの境のカムサスカ（カムチャッカ）すなはち赤蝦夷の地。及び口蝦夷《くちえぞ》（北海道）、奥蝦夷カラフトの北までを、すべて一国にして、それぞれの地域に代官を派遣し、街道を開き、河道を通し、海船を送り込んで、大々的に交易を営んでいる。これは『ゼヲガラアヒ』の本に載せられている説。

『ベシケレイ』（ロシア記録史）によれば、古来のオロシャの衣服を（廃し、）ことごとくホウゴドイツの服を用い、制度もオランダ風に改めた。ホウゴドイツはオランダの本国のことでドイツ帝号を称する大国である。

赤蝦夷の事情について『ゼヲガラアヒ』で考えると、（カムチャッカには）はじめ住民がいなかった。モンゴルが数十年前に植民した。これは外国ではよくあることだ。流刑地《るけいち》にして開くこともある。一七一三年、カムサスカがオロシアに従った。一七三〇年に背き、ほどなく降伏した。

これらによって考えると、蝦夷の周囲、カラフトの果ての西北から東におよぶまで、みなオロシャの領地である。これは恐るべきことである。
一七八〇年の（出島に来た）オランダ船はシャケを大量に積んでいたが——赤蝦夷（カムチャッカ）から直輸入するものと見受けられた。

（佐藤昌介編集『日本の名著　工藤平助』中央公論社）

この「出島に来るオランダ船の積み荷まで熟知している、蘭書に詳しい博学の士」とは、だれが見ても耕牛である。あげられている二冊の原書は耕牛の蔵書で、その内容も江戸の蘭学医に読み取れるものではない。うち一冊は朽木氏へ。さらに朽木氏から前野良沢に移譲された。この当時、日本にはいってくる原書は一冊か二冊であった。耕牛は出島に来る新刊本のすべてに目をとおし、かつ原書マニアなので、金に糸目をつけず買いあげるのである。

○林子平（武士・仙台藩士　十四歳年下）

一七六五年ごろのほか、数回来崎。工藤と同じく耕牛の門弟のうちに入れられる人物である。彼の説はカピタン直伝のように書かれてあるが、まさかそんなことができるはずもなく、あいだに耕牛が通訳としてはいったのはまちがいない。わが国の海防を憂える『海国兵談』を出版して、松平定信から処罰された。

杉田玄白、司馬江漢、平賀源内らは、功績を独占するために耕牛をスポイルするのだが、工藤平助や林子平は、迷惑がかからないよう耕牛をスポイルする感じだ。かくして吉雄耕牛は、また氷山のようにその本体を隠すのである。

年表にみるロシアの東進南下と耕牛らの対応

寛政の改革は、蘭学の否定、風紀取り締まり、緊縮財政――と一般にいわれる。ラクスマンの追い返し、林子平、亀井南冥、吉雄耕牛の処罰もその一環である。寛政の改革の方向は定信の失脚後もしばらくつづくので、耕牛の蟄居は変わらなかった。松平定信自身は蘭学に興味をもっていたが、民衆には害が多いと考えていた。蟄居中に新たな外圧もあり、松平定信は方針を改め、蘭学者に頼らざるをえなかった。以下、年表で見てみよう。

ロシアの東進南下と幕府の対応	
一五八一～	シベリア侵入
一六五〇年	黒竜江付近で度々紛争
一六七五年	北京へ講和研究使節派遣
一六八九年	ネルチンスク条約締結
一七七二年	田沼時代始まる
一七八五年	蝦夷地開発企画・千島樺太調査
一七八六年	田沼失脚
一七八七～	松平定信の寛政の改革
一七九二年	ロシア使節ラクスマンを追い返す
一七九三年	定信失脚
一八一四年	ロシア使節レザノフを追い返す
一八一八年	フェートン号事件、長崎奉行切腹

耕牛ら蘭学者の対応
一七六五～数回、林子平　来崎
一七七八年　耕牛、梅園に危機を説く
一七八三年　工藤平助『赤蝦夷風説考』
一七八七年　林子平『海国兵談』
一七九一年　耕牛処罰さる
一七九三年　桂川『魯西亜志』幕命翻訳
一七九三年　良沢『魯西亜本記略』〃
一七九五年　耕牛『魯氏北京紀行』〃
〃　志筑『オロシャ来歴』
（一八〇〇年　耕牛没）
一八一一年　志筑『鎖国論』
一八一六年　志筑『二国会盟録』

一八一二年	東蝦夷を幕府直轄地にする
一八一三年	高田屋ゴローニン交換
一八二一年	危機去り、蝦夷地を松前藩に返還する
一八五三年	ペリー来航
一八五五年	日露和親条約締結
一八六八年	明治維新
一八七五年	千島樺太交換条約により樺太（奥蝦夷）を取られる

耕牛没後七十五年目に奥蝦夷《おくえぞ》・樺太《からふと》はロシアに奪われた。表向きは放棄で、交換条約でいくつかの島を代償に受け取った。やはりマイルドな正論とされている工藤平助より、耕牛、林子平、オランダ告げ口カピタンのほうが正しかったのではないか。

耕牛の『魯《ろ》氏北京紀行』と志筑の『オロシャ来歴』は、書かれた時期も同じで内容も似ている。一緒に書いたか補足したかだろう。幕府の依頼で、江戸の蘭学者たちが作製した『環海異聞』『捕影問答』は、レザノフが連れてきた漂流民の記録である。一八〇七年に世に出た。すこし遅れて玄沢も耕牛路線である。

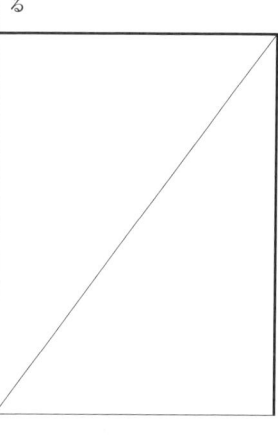

5　長崎ご近所通詞グループ

○本木良永（同僚の通詞・天文学者　十二歳年下）

良永は耕牛と匹敵するずば抜けた語学力をもち、コンビで活躍する。「平戸以来多くの通詞が挑んで果たせなかった難本を訳した」と耕牛が褒め称えた訳書もある。通詞の名門、西家から母の実家である本木家にはいった。それで養子ながら、解剖書を翻訳した本木良意のじつの孫である。人格高潔、温厚。諸事派手な耕牛とは正反対の質素倹約型の人物である。

大航海時代の天文学は、大洋を渡るための実用学問であった。これは天動説でも構わない。良永から、現在のような地動説の学問天文学に変わる。耕牛の百科事典的な学識は医学がその核心であるが、良永の場合は天文学が核心である。このふたりの長崎蘭学の巨人は、父祖からの学びと欧州各国語の辞書と出島での語学実習により、欧州語特有の、性・格・人称・時制での変化をほぼ理解していた。良永の『和解《わげ》例言』に、「天学語と記するは、ラテン語、フランス語、ゲレシア語、ゼルマニア語、イタリア語、

本木良永（『医家先哲肖像集』）

アラビア語、インデヤ語――」とある。これが「本木良永は八カ国語が自在である」という話になったのだろう。

ドワール（惑う）スタルレン（星）を「惑星」と訳し、それぞれ、辰星を水星、太白を金星、熒惑《けいこく》星を火星、歳星を木星、鎮星を土星と名付け、確定した。太陽系（ゾンネ・ステルセル→ソーラーシステム）を太陽窮理と訳した。その他、恒星、距離、視差等の用語を確定した。彼の翻訳についての考えを現代語に直してみる。

　私は知識が浅く、才能が足らず、翻訳に誤りがあるだろう。適当の訳をするしかなかった。あの言葉はこれ、この言葉はこうだろうと、その言葉の意味を考え、おおよそは理解できたが、日本語に対応する言葉が無いので、間違いがないとはいえない。オランダ語の転用形や変化形を考えるとき、千言万語を使っても正しい翻訳は不可能なのだろうか。欧州各国の言葉は、我が国の言葉と「言葉の路《みち》」

が違う。後の世の明哲な人が、正しく補正してくれることを願う。公命により、それまでこの書の大略を述べ奉る。

オランダ大通詞　本木良永

（古賀十二郎『日本洋学史』）

良永のまじめさが伝わってくる文章で、道徳の教材のようである。

「刻苦勉励《こっくべんれい》して公《おおやけ》に奉《ほう》じて私《わたくし》なく終身絹布《けんぷ》を身につけず粗食で通した。死ぬまで左右に蘭書を置いて手から離さなかった。なぜ真冬に水垢離《ごり》をするかとの問いに、われ先祖より訳官を以て公禄をはみ、今この命を奉ずるに当り、宜しくその職を尽くし、よりて以て死に至るは、もとよりその分なりと答えた」

これは墓碑銘の一部である。

彼の影響を受けたのは実子の正栄（庄左衛門）と高弟の志筑忠雄。寄宿していた大槻玄沢や、のちの著作の内容から司馬江漢もはいるだろう。

実子の本木正栄は、幕命を受けて、英語とフランス語を研究。わが国ではじめての英和辞書『アングリア語林大成』を吉雄権之助らとともに一八一四年に完成した。アングリアとはラテン語でイギリスのことで、良永作成の英単語帳が本木家に残されていて、役立ったそうである。英語は言文一致。勇敢で文章を飾る例もあるが、簡潔である。フランス語は、雅俗ともに典雅。欧州各国語の規範であるというようなことを述べていた。翻訳を通じて、欧州人それぞれの気質までわかるのかと感心する。このように良永、耕牛の子ども達は英仏語の研究も進めるのだが、こののち、時代はまたオランダ語学習に戻ることになる。

良永の地動説は、志筑忠雄に引き継がれ開花する。天才志筑が自由に羽ばたけるのも、師の良永が、基礎となる用語の翻訳と地動説による天体運動についての翻訳を終えていたからである。良永の翻訳はゼロからの産みの苦しみであった。

イタリアの学者ブルーノが地動説を撤回せず火あぶりの刑となったのが、一六一一年。ガリレオが「それでも地球は回っている」と捨て台詞をいったとされる裁判が一六三三年で終身刑。出島三学者筆頭のケンペルの叔父が魔女裁判で殺されたのが一六五〇年前後。ケプラーは占星術師だったし、ニュートンはのちに錬金術と占星術にはまった。欧州は進歩しているばかりではなく闇もじゅうぶん引きずっていたのだ。

耕牛も地動説であったことは三浦梅園への説明でわかる。耕牛と良永と志筑が、百年早い欧州にタイムスリップすれば、三人揃って火あぶりの刑か。口が達者で融通無碍《ゆうずうむげ》の耕牛と、体の弱い志筑はすぐ自説を撤回して、良永ひとり真面目に刑に服するのではなかろうか。

本編は吉雄家を中心に書いているが、本木家も、解剖図の良意、天文学の良永、英和・仏和辞書の正栄、幕末の何でも屋の昌造と、六世代に四人の教科書級の人物を出している。じゅうぶん一冊の本が書けるというか、一冊ではとうてい足りない業績である。

○志筑忠雄《しづきただお》（元下僚のオランダ通詞・天文物理学者　三十六歳年下）

本木家の隣宅の富商、中野家から通詞の志筑家に養子にはいったといわれる。株を買ったかたちだと思う。数年間、耕牛の下で稽古通詞を務めたのち、家で学問に励んだ。鋭い洞察力で対応する日本語を考え、多くを造語。長崎から一歩も出ずに、日本の近代学問を切りひらいた大学者である。専門の天文学・物理学系の造語から順に見ていこう。

①天文学：真空、重力、引力＝求力、求心力、遠心力、楕円《だ》を造語。最大の仕事が『暦象新書』の執筆。天文学における解体新書であるが、大冊なので、志筑にして二十年かかった。考察の結果、宇宙人はいるそうである。
②物理学：動力、速力、浮力、加速、弾力、分子を造語。
③数学：記号＋－÷√の紹介。接線、正弦。（中国の暦書より選ぶ）

なんといっても近所に、良永、耕牛というふたりの大先達の家があるというのが素晴らしいロケーションである。インターネット検索エンジンを二台もっているようなものだ。しかもひとつは志筑の大好きな天文学専門の検索エンジンで、重要な用語はすでに造語されている。江戸の前野良沢が懸命に長崎まで習いに来たり、手紙で質問してくるのとは大違いの、恵まれた学習環境である。そして志筑は、このふたりを乗り越えていくのだから凄い。

良永はまだ太陽中心の地動説だったが、志筑の地動説はニュートン力学に裏打ちされているので、宇宙のどこでも説明できる。原本はイギリスのケイルの『物理学・天文学入門書』。内容は天体運行にはじまり、重力、光、加速運動まで含まれる。訳述

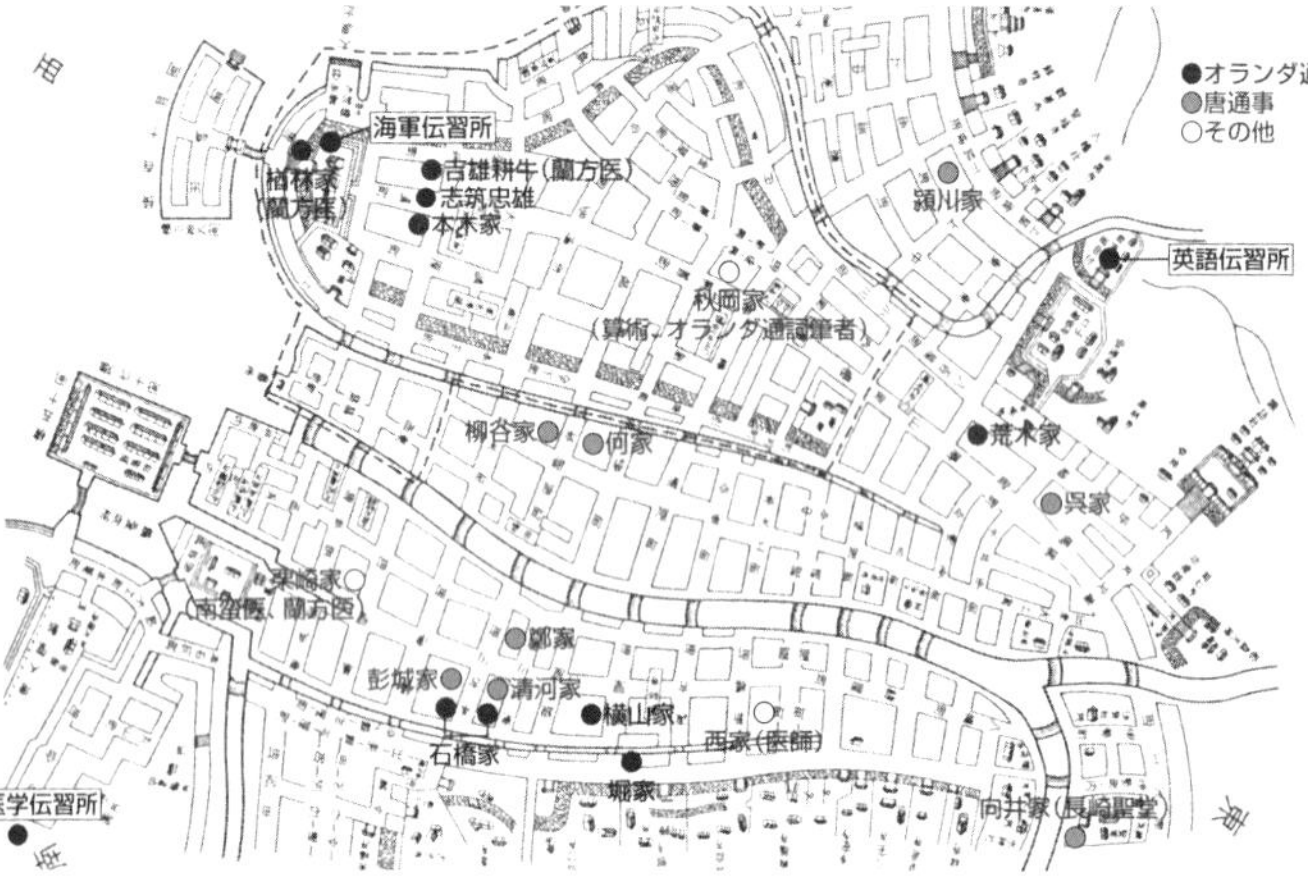

江戸時代長崎の主な私塾(『旅する長崎学 7』長崎文献社より)

が進むに従って注釈の域を超え、志筑色に染まっていく。付録の星気説、星雲説は当時の欧州の学問レベルに匹敵するといわれている。下篇のなかの火器発法伝は、大砲の弾道の理論である。弟子の末次忠助が重力ほかの諸条件を加えて着弾距離を計算、町年寄の高島秋帆は、さらに場に合わせた火薬の調合などさまざまな砲術の要素を加え、高島流砲術をはじめた。

④語学:本居宣長の日本語研究も参考にしながら、自力で蘭語文法をよく解析していた。その後、通詞の西家から『グラムマチカ(グラマー)』という文法書を借り、その他のものも読み合わせて、数冊の文法訳書を書いた。

「オランダ言葉は下ドイツの言葉なり」といって、ドイツ語の一種であることをよく捉えていた。欧州語の「言葉の路《みち》」（文法）を解析するために名詞、代名詞、動詞、助詞などの造語をおこなった。「助詞」はいまのものより範囲が広い。

志筑のいう「助詞」は、先輩の耕牛は「助字」としていたようだ。後輩の馬場佐十郎の造語は、おもに冠履辞詞で、「冠詞、前置詞、形容詞、接頭語、接尾語」などである。

耕牛の子で志筑の高弟、吉雄権之助は志筑の考えた文法の骨格、九品六格六時を教えやすく整理した。現在過去未来も志筑の造語とされている。孫弟子の吉雄俊蔵曰く「志筑先生の性は篤実《とくじつ》。名利《みょうり》をむさぼらずオランダの学を好み、世情を厭《いと》い閑居して二十年。天文究理の奇説、翻訳文法の明弁を聞くことを得らる」と、杉本つとむ氏の『長崎通詞物語』（開拓社）にある。奇説とは、ケイル氏の説という意味であろうと思う。

⑤社会：鎖国、植民を造語。有名な『鎖国論』は、ケンペルの日本誌の一部。要旨は、平和な日本は通商なしでも暮らせるという鎖国容認論である。大田南畝が志筑の高

弟・末永忠助と知り合いコピーした。それを松平定信もコピー。『ロシア来歴』『二国会盟録』は、清国とオロシャが国境を確定したネルチンスク条約について書かれており、耕牛の『魯氏北京紀行』と同じく警世の書のジャンルである。

『鎖国論』（長崎歴史文化博物館蔵）

⑥医学：興味なし。

当時としては珍しく、医学に興味をもたなかったのは志筑の個性だろうか。金に不自由しないからか。耕牛はすこし寂しかっただろう。

※資料

吉雄耕牛の師弟系統図

※傍線はオランダ座敷を訪れた人々

○将軍吉宗（貿易研究の内命）→深見有隣《ありちか》（儒者）丹羽正伯《にわしょうはく》（本草学者）
（蘭語学習を下命）→青木昆陽（儒者）野呂元丈（本草学者）

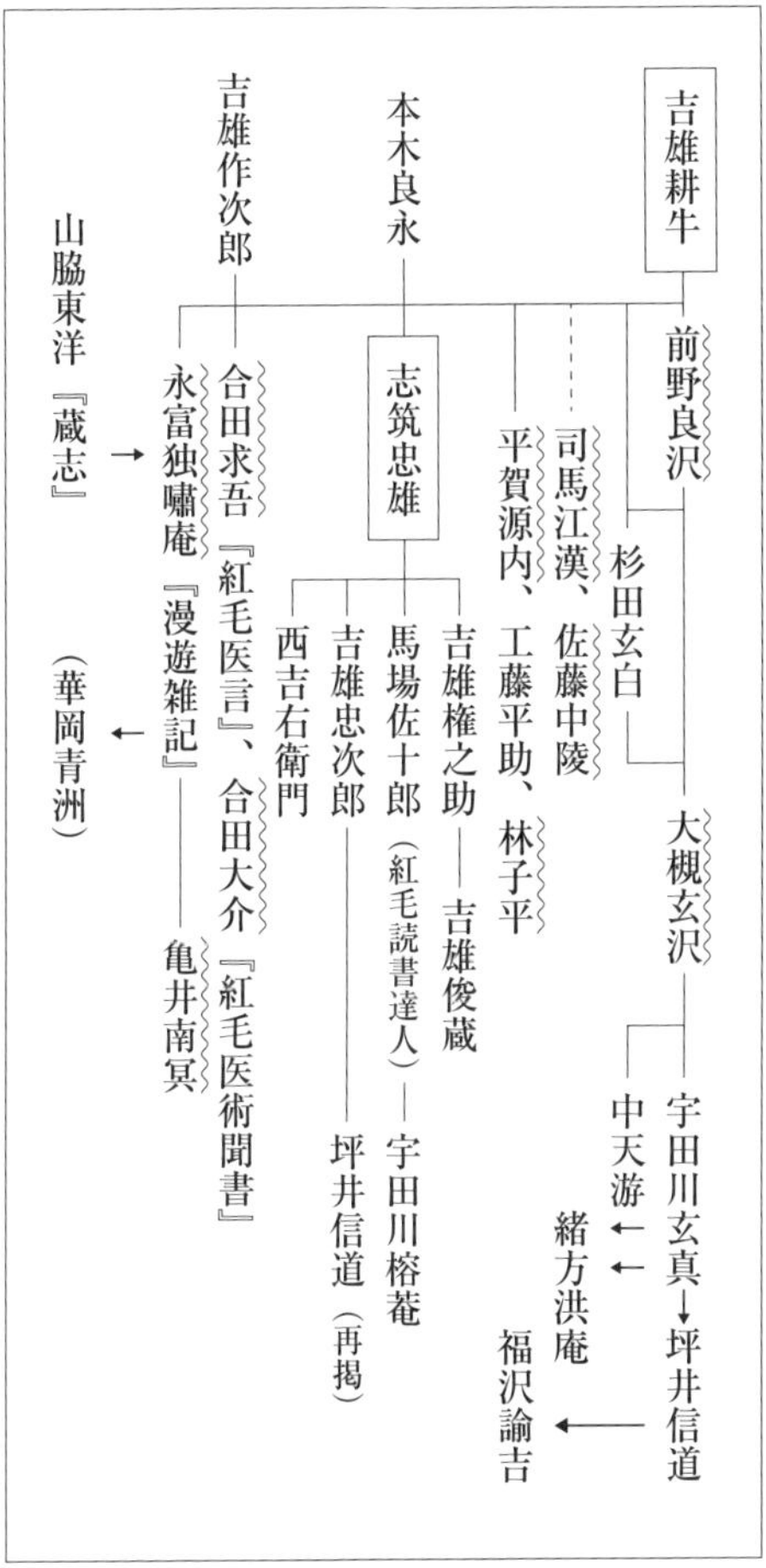

登場人物の生涯一覧　（1700年～1830年）

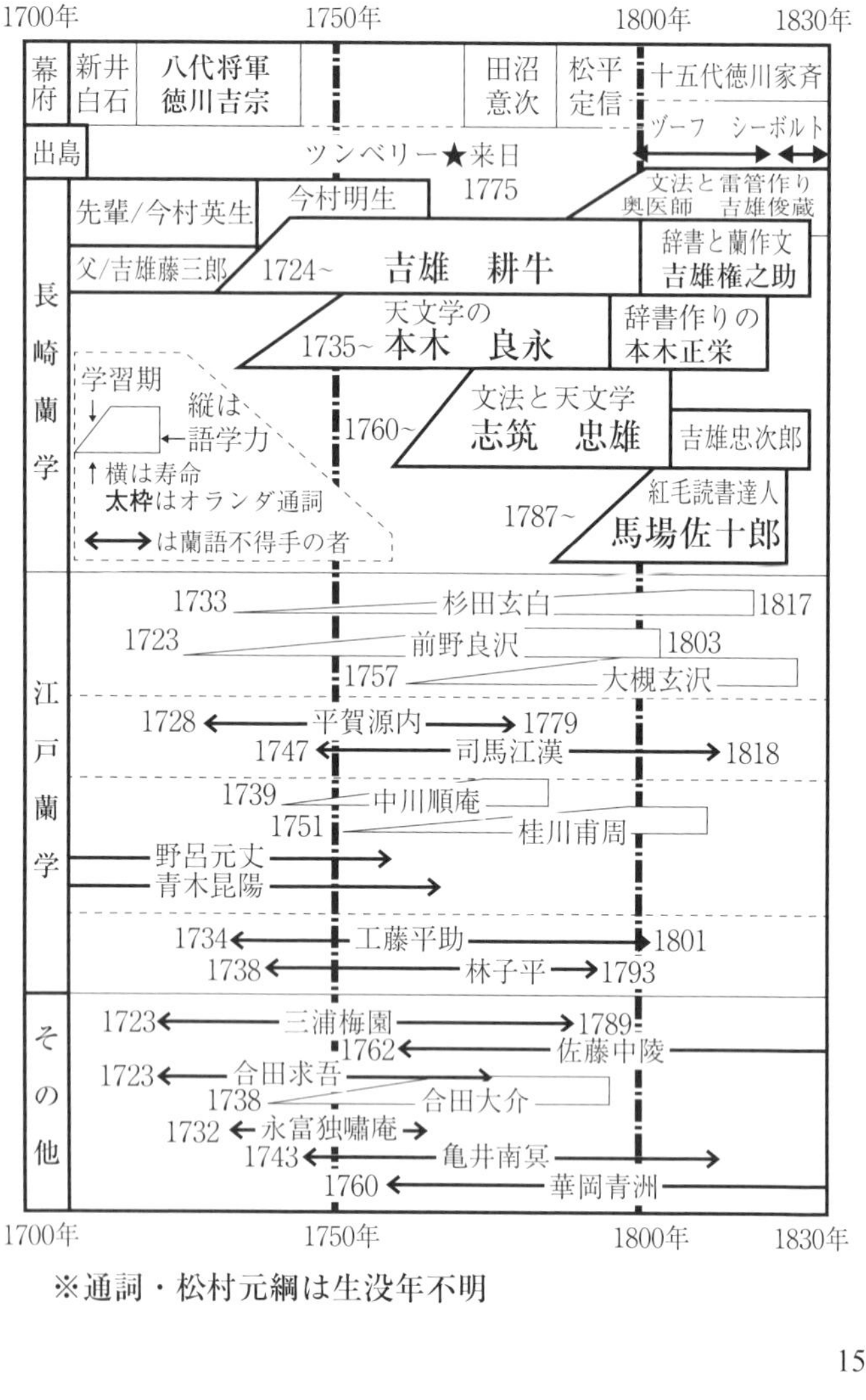

1700年
1750年
1800年
1830年
幕府
新井白石
八代将軍徳川吉宗
田沼意次
松平定信
十五代徳川家斉
出島
ツンベリー★来日 1775
ヅーフ
シーボルト
長崎蘭学
先輩/今村英生
今村明生
父/吉雄藤三郎
1724~ 吉雄　耕牛
文法と雷管作り 奥医師　吉雄俊蔵
辞書と蘭作文 吉雄権之助
天文学の
1735~ 本木　良永
辞書作りの 本木正栄
文法と天文学
1760~ 志筑　忠雄
吉雄忠次郎
紅毛読書達人
1787~ 馬場佐十郎
学習期
縦は語学力
横は寿命
太枠はオランダ通詞
は蘭語不得手の者
江戸蘭学
1733 杉田玄白 1817
1723 前野良沢 1803
1757 大槻玄沢
1728 平賀源内 1779
1747 司馬江漢 1818
1739 中川順庵
1751 桂川甫周
野呂元丈
青木昆陽
1734 工藤平助 1801
1738 林子平 1793
その他
1723 三浦梅園 1789
1762 佐藤中陵
1723 合田求吾
1738 合田大介
1732 永富独嘯庵
1743 亀井南冥
1760 華岡青洲

※通詞・松村元綱は生没年不明

第四章

耕牛の生き方、医術の完成

文明輸入の無双国士

多くの門弟や客人、オランダ人たちの会話から耕牛の人間像がつかめただろうか。筆者も、耕牛自身も意識していなかった彼の生き方を解析してみたい。

耕牛の客好きは、話好きからきており、その内容はオランダ文明の指導講話である。これを素直に感動して書きとめる、三浦梅園のような人格者は少ない。あとの者は、江戸へ帰れば、オランダ通詞から得た知識を手品の種として隠し、自身の売名に励む。我々なら腹を立てるところだが、耕牛はどうも違う。どんな形であれ、自分がものにした海外の知識や技術を伝えてもらいさえすれば売名も結構。オランダ文明の伝道者であれば良しとしているように見受けられる。

解体新書序文に、耕牛の考えを再度読み取ってみよう。（筆者簡約）

吉雄耕牛肖像
（長崎大学附属図書館医学分館蔵）

（解体新書序文）

オランダの国の技術は非常に優れている。人間の精神力と知識・技巧の限りを尽くして成し

吉雄耕牛先生像（長崎歴史文化博物館蔵）

遂げたその技術は、古今東西を通じてその右に出るものはまったく無いのである。したがって上は天文学、医術から、下は器械、衣服に至るまでオランダの技術があまりにも精妙巧緻なものであるために、それを観《み》ることで目の前がぱっと開け、まったく思いがけない思いをしない人はいないのである。

（酒井シヅ『解体新書全現代語訳』講談社学術文庫）

歴史上のいきさつで、たまたま自分の代に、正式な蘭学研究と伝播ができるようになった。耕牛は自分の使命を自覚せざるをえない。語学という踏み台を自分だけが持っていて、上の段のオランダの学問の畑からさまざまな種と肥料を、下の段の広大な日本の畑に移すことができる。いや移さなければならない。バケツを持って集まってくる者たちが、多少売名行為に励もうともそれがなんだ。来るだけでもありがたい。自分が伝える西欧文明を理解し、伝達してくれる人は、ひとりでも多く欲しい。それで自分の財力で西欧の文明を独力輸入してはそれを咀嚼《そしゃく》して、これはという人物に注ぎ込む。その代理人として選んだのが、杉田玄白、前野良沢、平賀源内、工藤平助、林子平たち。彼らの持つ功名欲や上昇志向を見ても、その巧みな宣伝才能のほうを喜んで、すすんで自分の知識を注いでやった。

耕牛は、喜んでこの仕事に全力を尽くす。耕牛の受けた天命は「日本を遅れさせないためのオランダを中心とする西欧文明の輸入」である。それが自分の天命と知れば、通詞の膨大な雑用も苦にならない。代理人には徹底して援助して見返りを求めない。文明輸入における無双国士といえる。対象は西欧文明全般に及ぶが、まずは人々が第一に求める西欧医学と本草学。つぎが天文学などの諸学。そして欧州文明の陰の部分。強力な文明に裏打ちされた強大な政治力や軍事力が、まず北方から直接わが国に迫っている危険を説く。

こうして考えてみると、オランダ座敷は、たんなるオランダかぶれの道楽ではない。訪れた人々に、手早く西欧文明を把握させるためのパビリオンである。こう考えると、壁にかけられた天象図、棚に並ぶ舶来の機器、集められた高価な原書、庭の動植物が統一して説明できる。つまり、ワニを頼みこんで譲り受けたり、さまざまな動植物を集めるのは、たんなる動物好きではなく、原書で読む西欧の植物誌や動物誌の確認のため。また、それを人へ紹介するためと考えられる。十七世紀後半からの数次の蘭英戦争に敗北するまでのオランダは、欧州の富と文明を集めたいちばんの大国だったのである。

権門富家の道を歩まず、文明の輸入に生涯を献げることは、一見神のレベルにも思われる行為であるが、我々もその立場に立てば案外同じ行動をとるかもしれない。名利《みょうり》を捨てて天命に生き、無名に終わっても苦に思わない。それはすでに自分が文明輸入者として全能の立場にいるからである。

以上考えあわせると、先輩通詞の今村英生が新井白石の名著の成立を語学で支えたように、吉雄耕牛は、十八世紀の大平の世に、江戸中期の有名人物の多くの著作、事績を縁の下から支えた男といえるだろう。数多くの摩天楼をそびえ立たせるマンハッタンの岩盤のようなものである。

出島のオランダ人とのかかわり

カピタンや出島医官たちから、「耕牛は日本史、中国史にも詳しい」とか、博識なる通詞とか、やり手であるとか、断片的に耕牛の評価が出てくる。そのなかで、耕牛が仕え、もっとも影響を受けたのが、出島三学者のまんなかに位置するツンベリーである。生物分類学の祖リンネの高弟なので、医業より植物学が本業である。ツンベルグ、トインベルゲ、チュンベリーと色々な表記がある。本稿ではいちばん簡単なツンベリーでとおしている。

ツンベリーは、一七七五年の八月に赴任。翌年までのわずか二年間の日本滞在であったが、耕牛と日本の蘭医たちに大きな影響を与えた。当時の日本人を苦しめていた性病（梅毒）の特効薬スウィーテン水（昇汞水）の処方を伝えたのである。昇汞《しょうこう》とは塩化水銀のことで、量をまちがえたら水銀中毒を起こす。口中が腫れて涎《よだれ》を垂れ流す廃人になるのであるが、当時は毒素がよだれとともに出ていると考えられていた。それ以前から中国を通じて、水銀による治療法はわが国に入ってはいたが、危険であるためあまりおこなわれていなかった。オーストリアの医師スウィーテン氏は、梅毒菌を殺しながらも生体を損ねない、ぎりぎりの処方を考え出したのである。耕牛がその処方をまとめたのが『紅毛秘事記』。見返りとしてか、ツンベリーが欲しがっていた日本の貨幣をセットで贈り、彼の日本研究を助けた。貨幣を送る行為も国禁で、へたをしたら首が飛ぶそうだ。耕牛の冒険である。ツンベリーの記録には、以下のように書かれている。（筆者簡約）

何人かの通詞には（治療法を教えて――）私の指導のもとに長崎町内外の多くの患者を治療した。――（私は）最良の友人である通詞から教わって日本語を理解し、多少は話し、そして書くことにも非常な努力をした。しかしこうしたことは、彼らの無事と私自身の安全のために、極秘のうちに行われなければならなかった。

（ツンベリー著・高橋文訳『江戸参府随行紀』平凡社）

外国人の日本語習得は禁止で、教えるのも禁止である。この「最良の友人通詞」は耕牛にほかならない。それにしては後ろのほうで、「コウサク（幸作＝耕牛）は、たくさんの硬貨を私のために集めてくれた」――と、ポロリと実名を漏らしている。ツンベリーはすこし口が軽い。ケンペルは情報源の今村英生通詞のことを極秘にして一生守りとおした。いっぽうシーボルトは大事件を起こして長崎通詞界を壊滅させている。「出島三学者」に通知票を渡すならば、そのまま時代順にケンペル◯、ツンベリー△、シーボルト×である。

杉田玄白は、耕牛から教わったスウィーテン水の処方で大もうけをしたという。片桐一男氏は、「杉田玄白が弟子の小林令助に与えた処方が耕牛の処方と一致する」とした高橋文氏の研究をあげてその証拠としている。ツンベリーが江戸で桂川と中川のふたりに伝えた別ルートもあるのではないかとも思う。

梅毒のことを「南蛮がさ」といい、ポルトガル病ともいう。大航海時代とともに渡ってきた病気である。耕牛も舶来医書をまっさきに読んでいて、アメリカ起源の病気であることを知っていた。前述の佐藤中陵の『中陵漫録』に、「吉雄の明察」という項がある。

その年のオランダのカピタン、はなはだ美男にして年いまだ二十歳に満たず。気鬱《うつ》にして労症出て心気疲る。吉雄、遊女を勧める。カピタン、母が病気（梅毒）を心配して駄目だという。いよいよ労症出て心気疲る。耕牛、また遊女を勧める。カピタン全快す。これによりてその病、自ら癒《い》えたりという。吉雄、その病《やまい》の起こる所を知る、かくの如し。

（『日本随筆大成三期十巻　中陵漫録』吉川弘文館）

大仰《おおぎょう》に誉《ほ》め称《たた》えているが、遊女を勧めるだけの治療なら筆者にでもできそうだ。

いやここで重要なのは、日本で梅毒が猖獗《しょうけつ》していることを、遙《はる》かな遠国にいるカピタンの母も知っているということである。

吉雄流医術の完成と指導法

梅毒治療により耕牛はさらに豊かになり、いよいよその富を惜しまずに器材や原書の買い入れと翻訳、治療研究に励んだ。ここで古賀十二郎の『長崎洋学史』から、吉雄塾成秀館の十項目のカリキュラムをみてみよう。

「吉雄家学之秘条」

①紅毛文字　②紅毛方言

③纏帛《てんはく》法（包帯のまきかた）④切脈法　⑤腹診法　⑥服薬　⑦刺鍼《ししん》法

⑧治創　⑨療疹（療瘍）⑩整骨

語学からはいるのが本塾の特徴で、よその塾のようにまちがい語で教授するのと違うのだという。紅毛方言とはドイツ語のことだろうと思っていたが、「我が門の教え一日も廃すべからざるものなり」という文言がつづくので、言語学習のことのようだ。つづいて医療技術である。先駆けての包帯術と検尿、日本的な整体術を取り入れているところが他の医学塾と違う。また、詳細な解剖図が、いく種も備えられており、麻酔鎮痛にはケシ類を使っていた。基本的に教えは秘伝・相伝で、出版はしない方針であったが、没後に弟子たちにより『因液発備』が出版された。

出島で耕牛が学んだ商館医は、一七三九年から九年間のムスケルス、合計六年間のエベルツ、外科の名人バウルに四年間、梅毒治療法を教わったツンベリーには一年間。これは耕牛五十二歳のときである。「オランダ東インド会社」という辺境の職場に勤務する医師は三百人。半分海賊業だったので外科医は船に必置であった。それで正式な医師は三パーセント。ほとんどは三流の床屋医師だったという。耕牛と上記の医師たちとの出会いは、じゅうぶん満足すべきものだろう。

耕牛は、眼科、歯科、耳鼻科、義眼、義足にも詳しかったそうだ。また、専門の医学、本草学（薬学・植物学）ばかりでなく、昇汞霜の製法、用途、実験結果を書き残しているので物理や化学にも詳しかったということになる。良永の翻訳書は多くが幕府に提出され、青史に名を留めている。これに比し、家中に山積していたという耕牛の翻訳医書が散逸して残ってないのは残念なことである。これは思うにシーボルト事件の捜査のおり、連座を防ぐためになんでも見境なく処分したためではなかろうか。最後に吉雄塾成秀館と有名な適塾やその他の蘭学塾を比べてみよう。

吉雄塾と適塾等、他塾との比較

名称、門弟、時代	特徴、内容
吉雄耕牛の成秀館【長崎】 門弟千人（一八世紀後期）	医学書、洋書は原書と翻訳書多数。 辞書は各国語あり。出島で実習見学あり。 特徴は、外科、包帯術、整骨術、検尿法。
緒方洪庵の適塾【大坂】 門弟三千人（一九世紀中期）	洋書は十冊程度。辞書は二種。医学塾だが語学学校の性格もある。

ひと時代早いのに、天下の適塾より吉雄塾のほうが内容が充実している。このほか、日本の有名な蘭学・医学塾をあげてみる。

長崎の楢林塾が、門弟千人。麻酔術の華岡青州（和歌山）の春林軒が、門弟千八百人。

江戸には杉田玄白の天真楼と、人材を輩出した大槻玄沢の芝蘭堂がある。のちの吉雄家では、吉雄幸載・権之助の青嚢堂。名古屋の吉雄俊蔵の観象堂。シーボルトの鳴滝塾には、最新医療とオランダからの援助により全国から優秀な弟子が集まるが、その中心は吉雄権之助である。

第五章

寛政の改革と耕牛の処罰

全国そして長崎の町に吹き荒れる改革の嵐

一七八七年、吉宗の孫の松平定信が老中となる。吉宗の享保の改革に倣《なら》った寛政の改革のはじまりである。これまでの華美な田沼文化を追放する。田沼の政治は、税は発展する商業から吸い取ればよいという現代風の考えだ。通貨制度を整備して産業をおこし、蘭学を育て、幕府の会計も大幅な黒字にした。俵物《たわらもの》（海産物）の全国的な収集システムをつくり、長崎貿易ではなんと金銀の逆輸入をするという貿易黒字を達成した。この近代を先取りしたような田沼の先進的な政策を壊したのは、おりからの天候不順による凶作である。

松平定信自画像

松平定信は賄賂政治を嫌う質素倹約・質実剛健型の政治家である。もともと田沼意次とは若いときからのライバルであった。水戸黄門などの時代劇には、悪徳商人と結託する悪家老と、真面目で融通の利かない善玉役の家老と必ず二種類出てくる。多くの藩内で繰り返される重商主義と重農主義との対立だ。「〇〇屋、おぬしも悪よのう」「いえいえご家老様こそ」――といいあってる経済結託グループを、お家の忠臣・農村型家老が主人公チームとともに倒すのだ。幕閣ではこれが田沼と定信だが、しかし果たしてどちらが悪か。封建政権の赤字会計は勃興する商業から税を取るしかないので、水戸黄門一行が列島を何周しようともこの対立は繰り返される。

そのむかしの日本はいまのアラブのような資源国であった。黄金の国ジパングである。平安時代、遣唐使の費用は砂金でまかない、戦国時代は世界有数の産銀国だった。江戸時代になると銅に変わり、中期にはそれも枯渇してくる。基本、金・銀・銅と順に食いつぶしてきたわけだ。

定信は、「長崎の繁栄のために国内の銅が減るのは、タコが自分の足を食っているようなもの。長崎は患部である。オランダ貿易などなくてもよい」との考えである。華美を尽くしたオランダ座敷などもってのほかだったろう。こうして、長崎の町全体を巻き込んだ松平定信の改革の嵐が吹きすさぶ。経過を見てみよう。

誤訳事件と通詞団の処罰・良永と耕牛の明暗

一七八九年（寛政元）老中より「輸入は薬、砂糖、書籍など。奢侈《しゃし》品は好ましくない。

鳥獣は無用」との通達が長崎奉行所へくだった。商売半減令が出され、銅生産の低下によりオランダ船も一隻に減らされてしまう。吉宗に倣《なら》った緊縮財政であるが、資源経済力（銀・銅の生産）が、いよいよ低下しているところと、「鳥獣大好き」から「鳥獣無用」と正反対になっているところが違う。

一七九〇年（寛政二）には長崎町民へ奢侈《しゃし》禁止の諭告。倹約に励んで、冠婚葬祭は質素にするようにとの指導がはいった。つぎがオランダ通詞団、とくに総帥の耕牛への処罰である。「はじめに処罰ありき」なので、経過を詳細に調べることにあまり意味はないかもしれない。

十一月に樟脳《しょうのう》汚職関係で、耕牛が「戸締め」の処分を受ける。これは武士の場合の「閉門」にあたる。玄関の戸を閉めて釘で打ちつけるのだ。裏門は大丈夫だろう。残りふたりの大通詞、楢林《ならばやし》重兵衛と本木良永は「三十日の押し込め」処分。「戸締め」より軽い刑で、謹慎にあたる。

つぎの十二月が本番の誤訳事件。商売半減令により、制限以上の荷物は焼却されることになっているのに、「焼却」の事項が抜けている。たぶん船か倉庫に戻せるように、通詞団が慣例で処理したのだろう。これをだれかが密告し、吉雄耕牛、楢林重兵衛、西吉兵衛の三名が入牢。すぐに出られたが、「町預かり」となる。ほかの通詞たち五名も「押し込め五十日」の処分となった。翌一七九一年三月（寛政三）に判決がくだり、耕牛以下三名は役職剥奪、五年間の蟄居を命じられた。

この件は、老中松平定信からの直接指令なので、寛政の改革の奢侈禁止の方針に狙いうちされたといえる。奉行所は「先輩仕癖《しぐせ》」（慣例）と認めていながら処罰した。

これ以前、定信の老中就任に合わせるように、本木良永と吉雄耕牛が連名で『オランダ永続暦和解《わげ》』を天体模型とともに幕府に献上している。いま我々が使っている太陽暦である。もう太陰暦でいろいろ苦労せずとも、欧州の暦でよくはないでしょうかという答申だろう。これは良永には吉と出た。芸は身を助くである。定信は、献上された模型をみて地動説の詳細を知りたくなり、新たな翻訳御用を良永に命じたのだ。良永は処罰グループから抜かれ、人数合わせのために新たに西吉兵衛が処罰グループにはいっている。西もいい迷惑である。

翻訳を命じられた良永が、冷水浴びの寒行を諏訪神社でおこなったのはこの冬のことだ。死んでもがんばるというのは、処罰中の大通詞たちを応援する意味もあるのか。それとも彼がまだむかしの人間で、天学（天文学）を深くすすめることは天に逆らうことではないかと恐れたのか。

同じころ、地球の裏側のフランスでは世界初の気球実験がおこなわれていた。最初は豚や羊やアヒルを乗せる。これは動物実験の意味ばかりではなく、地上の生き物を空中に置いて、神様が怒るかどうかを試す意味もあったそうだ。神がお怒りにならなかったので、つぎは人間という順序になる。まだまだ人間は小さく、神の世界や天は無限に大きかったのだ。

一七九二年、良永は『太陽窮理《きゅうり》了解説』（太陽系のしくみ）を完訳提出。欧州での原題は『新しい天体模型の作り方と用法について』である。

松平定信に従う馬田清吉と大田南畝《なんぽ》

この誤訳事件では、通詞ばかりではなく検使の役人もしょっ引かれ、取り調べは百人に及び、長崎町民にも贅沢禁止の諭告が出された。田沼時代の繁栄を引きずる長崎町民全体への懲戒であるといえる。定信は通詞団に厳罰を加えるが、定信自身は、以前から江戸で蘭学実力いちばんの馬田《ばだ》清吉（元通詞）を召し抱えている。定信は、いったい蘭学が好きなのか嫌いなのか。著書の『宇下人言《うげのひとごと》』にはこう書かれている。

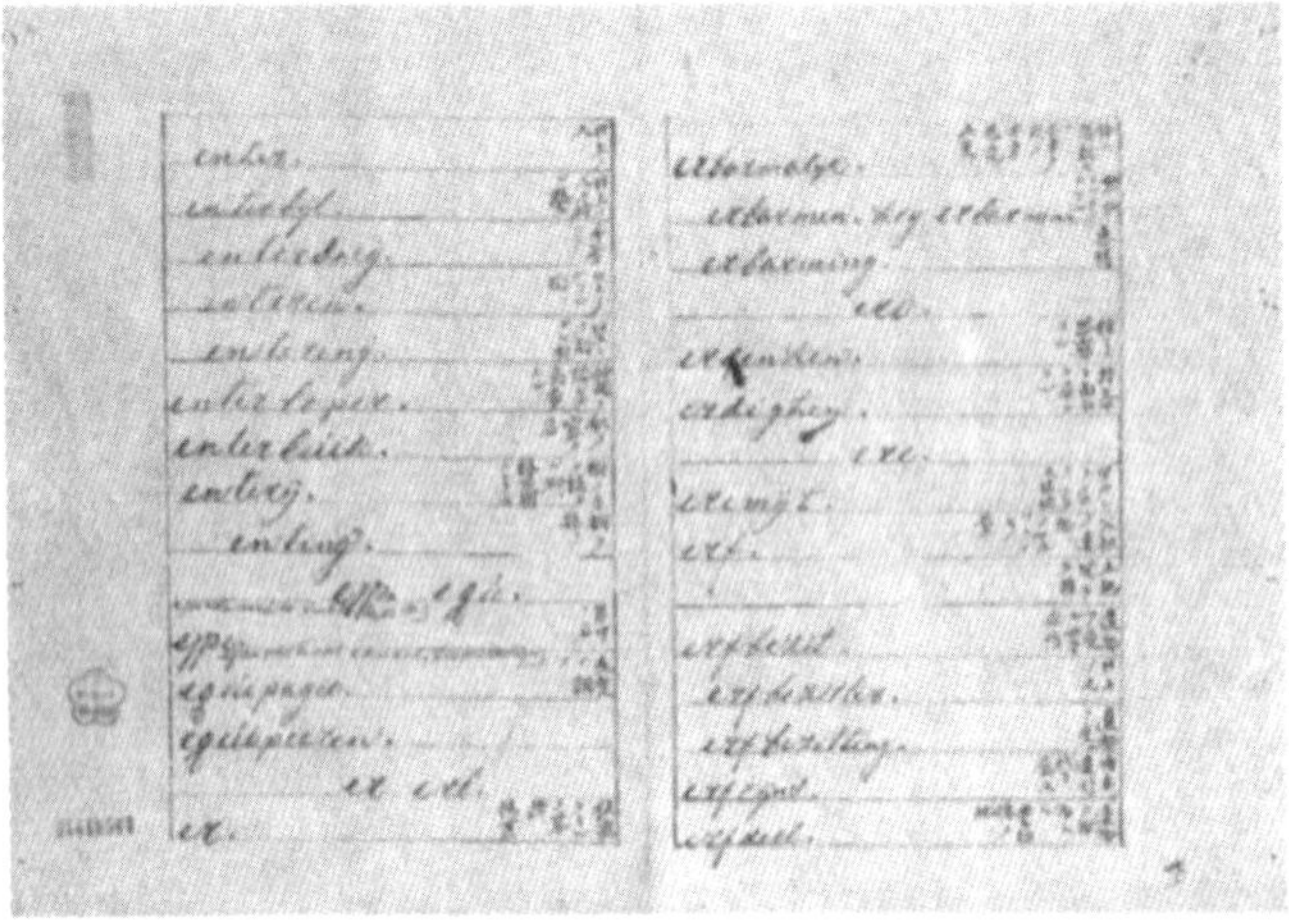

『ハルマ和解』（国立国会図書館蔵）高野長英写しと伝えられる

「（蘭学は）益も多いが、悪《あ》しき事などもいいだす（者が出てくる。それで蘭学の本が）こころなきものの手には多く渡らぬよう（にしたい）。しかし、書庫に置いても、読む人なければ虫の住みかになってしまう」

　定信が蘭学の弾圧ではなく、統制を考えていることがわかる。文章も上手で、古文の教科書に彼の随筆が載せられていたことを思い出す。

　松平定信は蘭学への興味は深かったが、長崎通詞団を壊滅させ、長崎とオランダ貿易に鉄槌《てっつい》をくだした。とくに、華美なオランダ座敷の耕牛を狙《ねら》いうちにしている。かつて耕牛の下僚であった馬田清吉（石井恒右衛門）は、助けることはできなかったのだろうか。それとも彼が一枚噛《か》んでいるのだろうか。稲村三伯による日本初の蘭和辞書『ハルマ和解《わげ》』出版は江戸蘭学の金字塔であるが、中身は馬田が、通詞の西善三郎の草稿をもとにしてつくった。これは馬田が長崎蘭学界から江戸蘭学界へと国籍を変えてメダルを取ったようにもみえる。

長崎の通詞社会からはじき出された彼が、江戸で日本初の辞書をつくり長崎蘭学の顔を潰す。そのわけは、若くして大通詞になった耕牛に嫉妬、そこで松平定信にオランダ座敷を讒言《ざんげん》――と勝手に考えると、おもしろい小説ができそうだ。前半も大槻玄沢、志筑忠雄、本木正栄と組み合わせれば、長崎を舞台にした青春群像が描けるだろう。

事実はどの程度のものだろうか。定信から、通詞どもに灸を据える方法は聞かれたと思う。そこで、通詞たちが慣例にしている触法事項で即答。同時に擁護に回ったあたりだろうか。

白河の 清きに魚の 住みかねて もとのにごりの 田沼恋しき

白河とは白河藩主松平定信のこと。この歌は大田南畝《なんぽ》(蜀山人)の作だと噂されたが、本人は懸命に否定した。その後大田は、政権批判につながりやすい狂歌をピタッとやめ、定信の改革路線である人材登用試験を受けた。百八十度の回れ右である。しかも遠山の金さんの父遠山景晋《とおやまかげみち》と並んで首席合格というからかなりの頭の良さである。不良学生がとつぜん学校一の秀才に変身したようなものだ。このふたりは長崎に赴任してくる。長崎での主力輸出品は、大坂で鋳造される銅である。大田はその役職を経由して長崎に赴任した。銅は蜀の山で採れるので蜀山という。それで蜀山人と名乗った。正確には、蜀の国の隣の漢中で採れる。

寛政の改革は失敗とされているが、幕府財政だけ見れば、黒字がつづいているので成功といえる。松平定信は「倹約の神様」であったが、直後に「無駄遣いの神様」が現れる。将軍家斉がその本性を現したのである。後宮の美女千人に囲まれた華やかなくらし——偐《にせ》紫田舎源氏の登場である。これで、せっかくの貯金は失われ、幕府は赤字財政に戻った。

最後の門弟オランウータン

阿郎烏烏《オランウータン》当と書く。一七九二年にオランダから献上されたこの猿は、当然ながらオランダ語しかわからなかった。困った奉行所は、閉門中の耕牛屋敷に運び込んで、日

オランウータン（国会図書館蔵）

本語を教えるよう命じた。かくして長年日本の蘭学を指導してきた万能の蘭学者が、人生の結実期に頼まれたのは猿の指導であった。

もっとも、そう猿だ猿だと馬鹿にしたものではない。当時の人は、オランダ人だと思って座布団を出したともいう。名前もオランダ人みたいだし、毛も赤くて、まさに紅毛人である。けんめいにしゃべっているのも蘭語に聞こえたそうだ。もともと猩々《しょうじょう》（オランウータン）は、言葉を話すとわが国では思われていた。平戸の教養大名松浦静山も、「オウムは鳥であっても人語を話す。それで、猩々も獣ではあるが、人語《じんご》するは疑いなし」と随筆集『甲子夜話《かっしやわ》』で語っている。すこし読んでみよう。

紅毛船より御用・心当て（オランダ船より幕府へプレゼント）

（オランウータンは）――酒を好む。寝る時、枕を使う。もし無きときは手枕など致し。物云うこと人間に等し。音声もいささか替わることもこれなく候《そうら》へども、蛮語にて（オランダ語なので）一向通じがたく候《そうろう》ゆえ、先ころ蟄居《ちっきょ》おおせつけらる通詞のうち、吉雄幸作（耕牛）へおおせつけらる。――同人方において和語（日本語）を教え候よし。さてまた酒を飲み候節はコップに受け、ランキヤウ（らっきょう）を肴《さかな》として一日に二フラスコほども呑む。寝候節も枕はもとよりふとんをしき――。

（中村幸彦他校訂『甲子夜話続篇』平凡社）

文面どおりに受け取れば、耕牛とオランウータンが、オランダ語で一杯やってるようだ。フラスコ徳利で洋酒を飲みながら、幕府の悪口で盛りあがっているのか。ちなみにフラスコとは、この時代はただのガラス瓶《びん》の意味である。

筆者がはじめてオランウータンを見たのは博多の動物園だった。向こうのほうから懐かしそうに愛情いっぱいの満面の笑みで寄ってくる。動物も笑うのかと驚いた。森のなかであの笑顔で寄ってこられれば、言葉が通じるように思うのは無理もないことだ。もっとも親戚とまちがわれたのは筆者だけかもしれないが。

奉行所は、オランウータンだけではなく、ロシア南下にまつわる翻訳依頼もしている。耕牛の蟄居はかたちだけのようにみえる。表向きは処罰中でも、困ったときには再々この蟄居中の大ベテラン通詞に相談に訪れていたものだろう。このオランウータンは耕牛の力をもってしても成績不良、日本語を話すに至らなかった。それで船でバタビアに戻されたそうである。

耕牛の晩年、志筑忠雄への指導はいかに

蟄居中も、志筑忠雄は密かに、あるいは許可を取って、耕牛邸を訪問していたと思われる。蟄居時の訪問の史料などあるはずもないが、なにせ向学心の強い師弟が近所同士で、どちらも暇なのだ。わずかに「蘭人から贈られた飛行船の絵を（耕牛から）見せてもらった」と志筑が書き残している。のちの耕牛の一族はみんな志筑の弟子である。退屈な耕牛は、志筑に文法や諸学、社会情勢を指導して、そのうえで孫ほどに年の離れた権之助や忠次郎ら吉雄一族の子弟の指導を託したと考えるのが自然だろう。

耕牛や良永には、父祖からの教えと半世紀以上にわたる膨大な経験と努力により、外国語の仕組み、組み立てがほぼわかっていた。しかしそれを分析して下の者を指導

できるマニュアルをつくるには至っていなかった。志筑は若いころから、この近所のふたりの大御所を活用して自分の学問を築いていったと思う。学問の天才というものは突然には生じない。そして本居宣長のやまとことば研究を参考に、自分なりにすでに蘭語の文法を解き、のちに手に入れたオランダの文法書を参考にわかりやすくしていった。しかし高弟たちを除く一般の蘭学者にはまだ難解であった。

志筑が通詞職を辞めたのは、出島業務で得られるものと失う時間を天秤にかけて、時間を選び、通詞職を蹴《け》ったのだろう。実家が三井の代理店で、金に不自由はないのだ。「いろいろな政策を著すことで、幕府に雇われたかったのだ」という説があるが、うなずけない。彼は、明治から戦前に多かった「高等遊民」のはしりだろうと思う。高学歴で家が豊か、生産的な活動をせず、日々を雅やかに過ごし、学問そのものを追い求めて過ごす。漱石の小説に多い。処女作の『我が輩は猫である』では、迷亭先生がこれにあたるだろう。

一七九三年、松平定信が失脚するも改革の路線はつづき、蟄居は解けなかった。一七九五年、奉行所から翻訳を依頼された『リュスラント（ロシアランド）』を、『魯《ロ》氏北京紀行』として翻訳した。ロシア使節の話である。同年の『魯西亜《ロシア》来歴』というロシア南下の警告書は志筑忠雄の訳だが、耕牛と同じ時期・同じ筆致で、写本は一緒に綴じられていたりする。一緒に翻訳したのだろうか。いままでに我々は、杉田玄白から工藤平助に至るまで、数多くの有名人の学問的黒幕が吉雄耕牛であることを見てきた。近所の志筑が例外とはいくまい。天文物理学者・志筑が著す警世の書は、彼の本領ではないので、耕牛の影響だと考える。耕牛が処罰中でなかったなら、その名を入れたかもしれない。

以上、蟄居中の指導相手としてオランウータンと志筑忠雄をあげてみた。種は違うが、どちらも耕牛の教えを受けており霊長類最強といえる。いまひとり、門弟ではないが、跡継ぎの末っ子吉雄権之助がいる。のちの彼の実力、活躍、業績をみるとき、耕牛の蟄居はけして空しいものではなく、吉雄権之助の指導に生かされ、実のあるものになったと考えている。

一七九六年四月ようやく蟄居解除、「蛮学指南」を命じられる。晴れて表舞台へ帰り、後輩たちの指導が任された。しかしもう時間は残されていなかった。

一八〇〇年十月四日（寛政十二年旧暦八月一六日）、半世紀にわたって長崎から光を発しつづけた吉雄耕牛は、ロシア南下の危機を警告しつつ逝去した。みずからの死で、

十八世紀・太平の時代の幕を下ろしたといえるだろう。（享年七十七）

終章

日本近代化の礎《いしずえ》・吉雄一族のその後

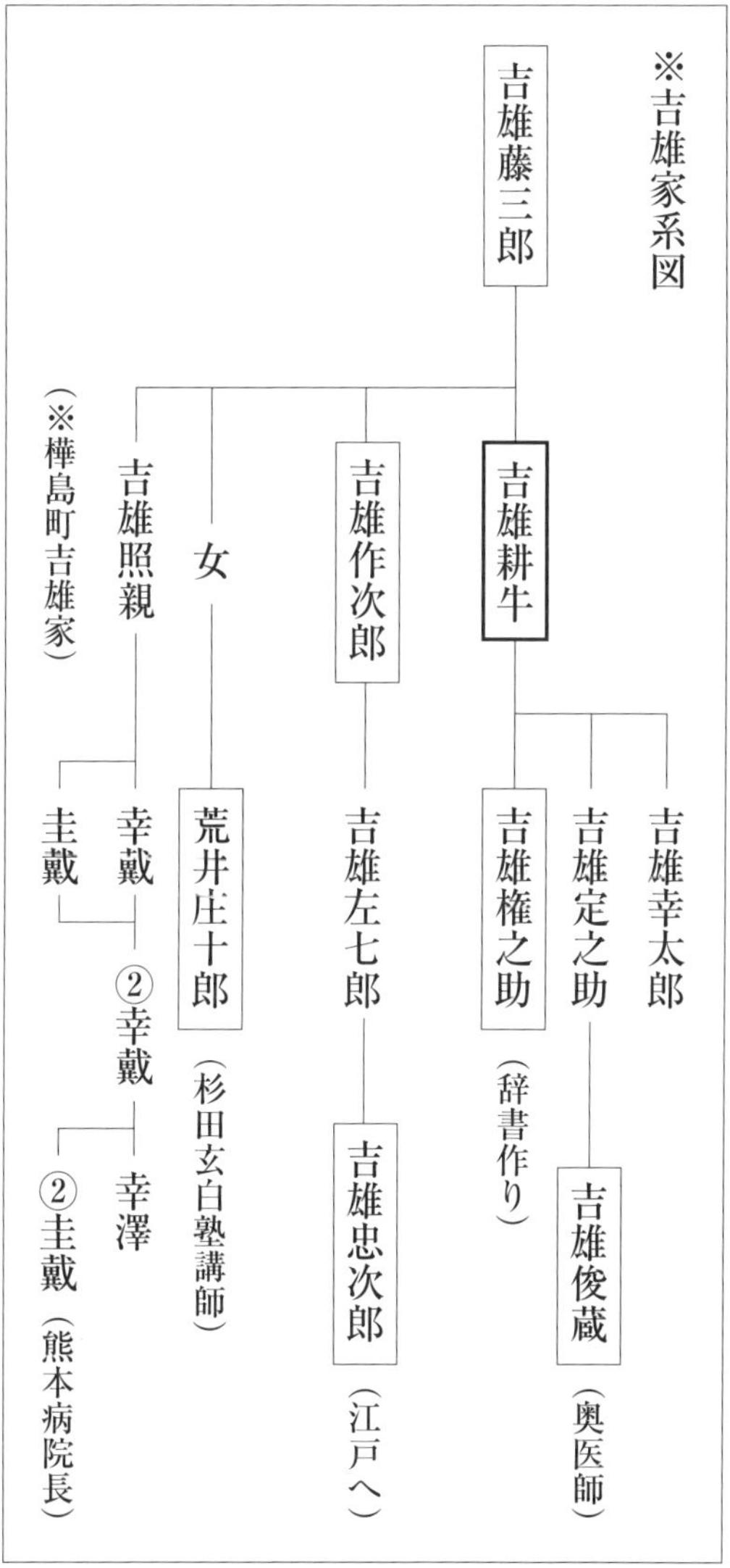

『蘭学事始附記』を読み解く

大槻玄沢の子、大槻玄幹《げんかん》がのちに『蘭学事始』に寄せた「付け加えの文」がある。その後の長崎の様子と蘭学の進展について書かれてあるので、さらに要約してみる。

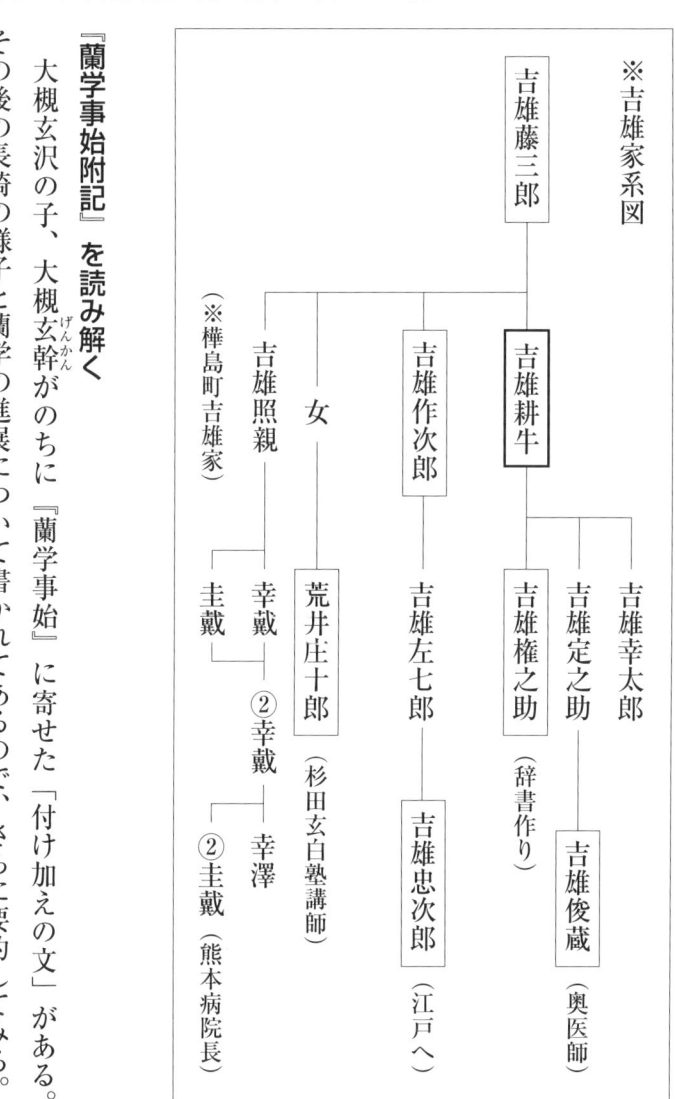

蘭学の初めてこの国に開けたのは、長崎にて、西善三郎、吉雄幸左衛門（耕牛）の二訳士が蘭文を習い蘭書を読み始めてからである。江戸にては青木昆陽先生が蘭学を唱え給い前野良沢先生が習い、良沢のグループに桂川甫周、杉田玄白先生、中川順庵先生が揃った。それからこの学問は江戸にて開け、かえって長崎には聞こえる人はなかった。

私・大槻玄幹が十八才の時に長崎遊学。蘭学書生はおらず、吉雄耕牛翁は没後にて、吉雄定之助、吉雄献作の二人の子息が外科を開いていて、その家に遊んだ。耕牛の末っ子の六二郎が耕牛の家を嗣いで稽古通詞だった。

――さて、一日、末次忠助という人が来て長崎に中野柳圃《りゅうほ》（志筑忠雄）先生がおられる。隠君子にして人との応接を避け、数十年、欧米の天文学について蘭書を熟読されている。紹介しましょうということで、謁することとなった。なんと父玄沢の友人であったということを聞いて日々相親しんだ。吉雄権之助は自分を介して先生に謁した。その後、西吉右衛門、馬場佐十郎を引き連れて志筑先生のグループに入られ、これより志筑先生の名前が長崎に轟き、実に大槻玄幹こそ志筑先生の名前を世に出した人であると世間の人々は言った。実に蘭学の真面目《しんめんぼく》は志筑先生にあるということは、誰もが知っているので割愛する。

（緒方富雄校注『蘭学事始』岩波文庫）

世に埋もれていた志筑先生を、通詞グループに紹介したのは自分だと書いている。志筑忠雄は、近所で上司で客好きで、大量の原書と各国語の辞書を持つ耕牛の邸に入り浸りだったと想像される。この家の早熟で優秀な跡継ぎで、のちに高弟となる吉雄権之助が、志筑を知らないということはありえない。また、志筑の文法の力のもとは西家から借りた文法書なので、西家とも旧知だ。志筑も休職していただけで、四六時中土蔵に閉じこもっているわけではない。このあたり旧六町は、三方を海で囲まれた狭い地区である。六町合わせても東京ドームより狭く、もともとだれもが顔馴染《なじ》みである。志筑の別宅が西濱町にあったとしてもたいして変わらない。「近所の元同僚を、江戸の人から紹介してもらってはじめて知った」という話は信じられない。

事実は、誘い合って遊びに行き、新たな学習会がはじまったものだろう。江戸蘭学の恩人、馬場佐十郎の師匠である志筑は拝まねばならないが、大槻玄沢の友人なので、差しつかえない。しかし、志筑と耕牛とは切り離したい。江戸蘭学を起こした杉田玄白、前野良沢、大槻玄沢の三人ともに吉雄耕牛直系であったという事実を封印してこそ、江戸蘭学は自尊自立できるからだ。そこで吉雄権之助や西が、江戸蘭学者（大槻玄幹）の紹介で、はじめて志筑に出会ったという無理のある話になっているのではなかろうか。「附記」なので、この部分も江戸蘭学の起源説話に合わせているように感じられる。

志筑先生のことを江戸に伝え、父も（幕閣に）つてをたどって上申して江戸に招く企画であったが（志筑）先生が亡くなられた。その後、自分は馬場佐十郎を推薦、――馬場佐十郎は御家人となり、父・玄沢も陪臣となった。蘭学は公学となった。この学の江戸での真面目は馬場佐十郎氏に始まる。しかし亡くなられたのでつぎを長崎から呼ぼうとなって、吉雄忠次郎を推薦した。馬場佐十郎氏は偉大であった。つぎに吉雄忠次郎が来て、坪井信道らが育った。長崎では吉雄権之助の名が、志筑没後いよいよ高く、全国よりの遊学者が百をもって数えるほどだった。そのなかでも美馬順三、岡研介が抜群である。江戸で有名な伊東玄朴、高野長英も皆、吉雄権之助の門弟である。長崎では権之助以降聞こえる人は無く書生も散って淋しいばかりであるそうだ。

（出典は前に同じ）

この『蘭学事始附記』では、シーボルトの門下生として有名な者たちが、皆、吉雄権之助の門弟として書かれている。たしかにふたりの弟子達は重なっている。権之助はシーボルトに日本語を教え、弟子たちに蘭語を教えた。とくに蘭作文の指導が上手で、優れた自作のテキストを使ったという。シーボルトは当初は、出島近くの吉雄塾と楢林塾で外科の手術を見せていた。

シーボルトは宮廷外科医経由で軍医少佐に任命され赴任してきた。蘭印政庁からは、通常の商館医の七倍近い豊富な資金が与えられ、代わりに膨大詳細な報告と入手物の提出が義務づけられていた。このいままでの商館医とまったく違う待遇と任務は、彼が新生オランダ国の特別調査員であったことを示している。彼自身も報告文書には、外科少佐及び調査任務と署名している。彼が潤沢な資金を使っておこなう無料診療に対して、長崎の町民や奉行は喜んだが、いっぽうで、シーボルトを怪しむ風説もあったことが『甲子夜話《かっしやわ》』に載せられている。

貧窮者《ひんきゅうしゃ》には朝夕の食糧――遣《つか》わし――治療を加え――専《もっぱ》ら衆人《しゅうじん》を撫付《なでつ》け候《そうろう》、致《いた》し方共《かたども》、油断相《あい》ならぬものの由《よし》にござ候《そうろう》

これまでのオランダはいっさい日本の政治軍事には触れなかったが、シーボルトは国禁を犯し、有名な伊能図ほか各種の地図を持ち出した。主要な城郭の図面、とくに江戸城本丸の絵図面まで持ち出しては、スパイといわれても仕方がない。忠臣蔵でも吉良邸の図面入手は討ち入りの準備である。詳細な地図は基本軍用で、国によってはいまでも持ち出し禁止である。五万分の一の地図にある学校や寺社等の記号は軍の宿営の便を、樹木や畑マークは射撃時の地形効果を、道幅を示す道路記号は、軍用車両の通過の可否を表している。マイカーの普及など想定もしていなかったのだ。瀬戸利春氏の論文「陸軍陸地測量部」に、明治二十三年「地図は――ひとり陸軍一部の用に偏するものにあらず――」という内容の答申が陸軍陸地測量部長から出され、民間でも使えるようになったと書かれている。

地図に加え、シーボルトの参府途上での港湾測量（国禁）は、逐一報告されていた。下関海峡についてはとくに念入りに測量し、カペレン海峡と名付けている。ここはカ

ペレン総督からの内命があった地点なのだろう。このようなシーボルトの紅葉山文庫（機密書庫）への侵入を許す幕府は、問題を起こしたかったのだとしか思えない。

対外関係での処罰は日本人には厳罰で、出島ではりつけにもする。前回の処刑はオランダとの抜荷貿易を拡大する、島津氏をにらんでのことだった。今回もそうなのだろうか。地図を渡したオランダ通詞たちは厳罰に処された。いっぽう、関係したオランダ人や唐人の処罰については、むかしから追放と再入国禁止くらいで軽い。それでシーボルトも追放で済んだ。そのシーボルトについて、『蘭学事始附記』にはなにも書かれていない。あまりに世間がシーボルトを持ちあげすぎなのだろうか。それとも江戸蘭学の起源説話には、耕牛とともにシーボルトも目障りだったのだろうか。

日本だけがアジアで近代化に成功した理由

明治維新の成功要因は、教育制度と日本人の優秀さ、江戸時代からの識字率の高さといわれる。しかしすこし考えればわかるが、学校をつくったところで、優秀であったり識字率が高かったりしたところで、教える先生と教科書がなければはじまらない。その先生と教科書をつくるのは、辞書と日本語に翻訳された専門書である。学校というハードは半年でできるが、これらソフトの制作には三代、百年以上かかる。

江戸時代のまったただなかの大平の世。武士と百姓が時代劇のようなくらしをしていた。それをよこ目に、長崎の貿易担当官であるオランダ通詞たちは、原書と格闘しながら、造語に苦しみつつ、文法書と理論書、専門書と優れた辞書づくりに取り組んできた。幕末にはこれがほぼ完成していて、全国の学者を育てていたのだ。これら教育ソフトの制作・完成・伝播が、明治期の急激な近代化をなしとげえた要因であると考える。派手な教授伝道のあと、長崎の通詞学者団を壊滅させたシーボルトより、地味な苦労を厭《いと》わない吉雄権之助や長崎通詞団の積み重ねた努力のほうが日本の近代化の主役ではなかろうか。

吉雄家でみれば、藤三郎（翻訳手伝い）、耕牛（全国の学者を啓蒙）、権之助（辞書編纂《へんさん》）、俊蔵（文法の仕上げ）の四代。本木家でみれば、良意（解剖書翻訳）、良永（学術天文学）、正栄（辞書編纂）、昌造（印刷）の四代。このほか、今回ははずれたが、楢林家や西家も、多くの日本近代化の礎石となった人材を出している。

つまり、明治維新という跳び箱の前に、長崎のオランダ通詞たちが二百年をかけて、しっかりと助走路と上等な踏み切り板を用意していたのだ。彼らが本業の貿易雑務だけにかまけていれば、近代日本の爆発的な発展はなかっただろう。

ある時期のオーストリアのウィーンに音楽家が集中して生まれたように、また、ある時期のロシアに、文芸家が集中して生じたように。ここ長崎の旧六町に翻訳の天才秀才が集中して数代つづき、日本近代の基《もとい》をつくったといえる。

明治の開国以来、西欧の学問の相当な量を日本語で授業ができた。これがアジアの他の国では、英、仏、蘭語でないとできなかった。こうして日本語だけで大学教育までできる国ができあがった。これには副作用もあって、我々は英会話がへたである。ノーベル賞の益川教授などは、自分は英語が苦手だからといって、日本語で授賞挨拶をしたくらいだった。会場では「英語ができずにどうして研究ができるのか」と訝《いぶか》しむ声があがったそうである。

鎖国の欠乏が生み出した人材

鎖国は一種の断食《だんじき》栽培、スパルタ栽培だったかもしれない。戦前の天草出身の永田照喜治《てるきち》氏は、作物をつねに飢餓《きが》状態に追い込むことによって、作物が本来持っている力を引き出せるという考えを持つに至った。徹底的に水をやらずに、枯れそうになる寸前に水と栄養を与えると、とても甘く優れた果物や野菜ができる。この永田農法は、断食農法、スパルタ農法と呼ばれた。

長崎や平戸や堺が栄えていたポルトガル交易時代（戦国末期）の日本人は、べつに外国のことなど研究しようともしなかったし、辞書をつくろうとも思わなかった。必要がなかったからだ。日本は資源国で、銀がうなるように出ていた。ポルトガル商人たちは銀を目当てに懸命に日本進出をおこない、必死で日本語を覚えた。日本語はただでさえ難しい。方言まるだしの田舎の年寄りが、複雑な人間関係での懺悔《ざんげ》をしてきたら、神父でも神様でも、これは許すしかない。なにをいってるのかさっぱりわからないからだ。これではいけない。宣教師たちは布教のために必死で「ポルトガル日本語辞書」をつくった。この状態がもうしばらくつづいていれば宣教師のなかから日本語の神髄をつかみだして解析する者が現れたかもしれない。必要が発明の母というか、必要が他国文明研究の母である。

南蛮貿易全盛のころはおよそ唐船百隻、南蛮船十隻が毎年長崎に来航し、生糸や砂糖と引き替えに日本銀を持ち帰っていた。絹はすりきれ、砂糖は舐められなにも残らず、ひたすら金銀銅が減るばかり。それでもべつに構わない。日本は資源国だったたから。これが耕牛晩年には、およそ唐船十隻、蘭船一隻になる。銀に代わる銅も枯渇してきたのだ。売り物も、中華料理用の俵物だけになれば、唐人船はともかくオランダ船は頼んでも来なくなるだろう。

しかし、着つぶしたとはいえ、質量ともに豪華な衣料の輸入の結果として、日本人の工芸の力と美的センスが磨かれたのではなかろうか。隣国朝鮮は、民間衣料の輸入を禁じていたといわれ、衣料は白色ばかりであるが、禁じなくても金銀がなければだれも華やかな布帛《ふはく》はもってこない。当時の航海は死と隣り合わせである。欧州人の場合、嵐や海賊の難を逃れ、生きて故国に帰れる率は五分五分なのだ。

徳川家が天下統一後に鎖国をしていなかったら、どんな国になっていただろうか。国々の大名は宣教師から火薬銃砲を得て、欧州の母国を後ろ盾に戦争と混乱を繰り返し、全土から統一が失われ、植民地分割のようになった恐れもある。文明の輸入はカタカナでおこなわれ、造語はおこなわれなかったかもしれない。鎖国で制限されたからこそ、わずかな情報を大事にして、本質を考え抜いて漢字に直して掴む訓練が、日本人にできたのではなかろうか。

本稿にあげた、耕牛以下の信じられないほど優秀な人物群は、鎖国という断食農法が生んだ香り高い果実である。それら高品種が出そろっていたがゆえに、明治以降の日本人は、それらの成果を自由に組みあげて、欧州各国に匹敵する創造の道を歩めたのではなかろうか。同時にこれが、ノーベル賞を大量に取れる国になった秘密だと思う。早い話が、情報が全量伝達される社会では、つきつめてものを考え統合整理していく志筑忠雄は生まれない。スマホ時代に哲学者は生じないのではなかろうか。

長崎近くに生まれた哲学者として『葉隠《はがくれ》』の山本常朝《つねとも》がいる。二重鎖国といわれる佐賀藩の、さらに山中の庵で、武士道のあり方を考え抜いている。宮本武蔵も『五輪書』を書くに際しては、熊本の霊巌洞《れいがんどう》に籠もった。思索を深めるには、情報遮断の時期が必要なことを示している。

長崎に限らず代々つづく資産家の子どもたちは、意外と質素に育てられている。家をつづかせるノウハウのなかに、質素にする教育、すなわち水、肥料をふんだんに与えないやり方があるのだろう。最初から豊かだと、目標を立て、それに向けて努力するという姿勢をつくらせるのが大変なのだ。その点、足りないものがあると、自然に目標を立てて必死に努力する。「家貧しくて孝子出《こうしい》づ」というが、たしかに富貴は教育の敵で、貧乏(欠乏)は教育と成長の友である。

吉雄権之助の業績と最期

さて、このように近代日本の基《もとい》をつくった長崎通詞団であるが、その代表の吉雄耕牛と一族の末路は報われないものであった。

まず、吉雄権之助。年の離れた末っ子なので、世代的には孫にあたる。優秀な兄たちを差しおいて、庶子なのに跡を継いでいる。普通この時代、庶子に財産権はないのであるが。といっても妾サヨは、耕牛の人生後半の子どもたち五人を生んでいるので、後妻のような立場だったのかもしれない。

父耕牛の五年間の蟄居は災難であったが、権之助にとっては天からの恩恵であった。忙しい父から、兄たちはじゅうぶんな指導を受けることができなかった。それにひきかえ、権之助はいまの小学校の期間にあたる時期を父から二十四時間学ぶことができた。司馬江漢の食事にオランダ語で相伴《しょうばん》していたのが満三歳のころなので、もともと素質はじゅうぶんであった。おそらく教えているうちに耕牛は、権之助が自分を超える素質をもっていることに気付き、自分の知的財産であるおびただしい蘭書とオランダ座敷を権之助に譲る意思を固めていったのだろう。ましては可愛い末っ子である。通詞社会は実力主義なので、通詞職の兄たちも異存はなかっただろうと思う。

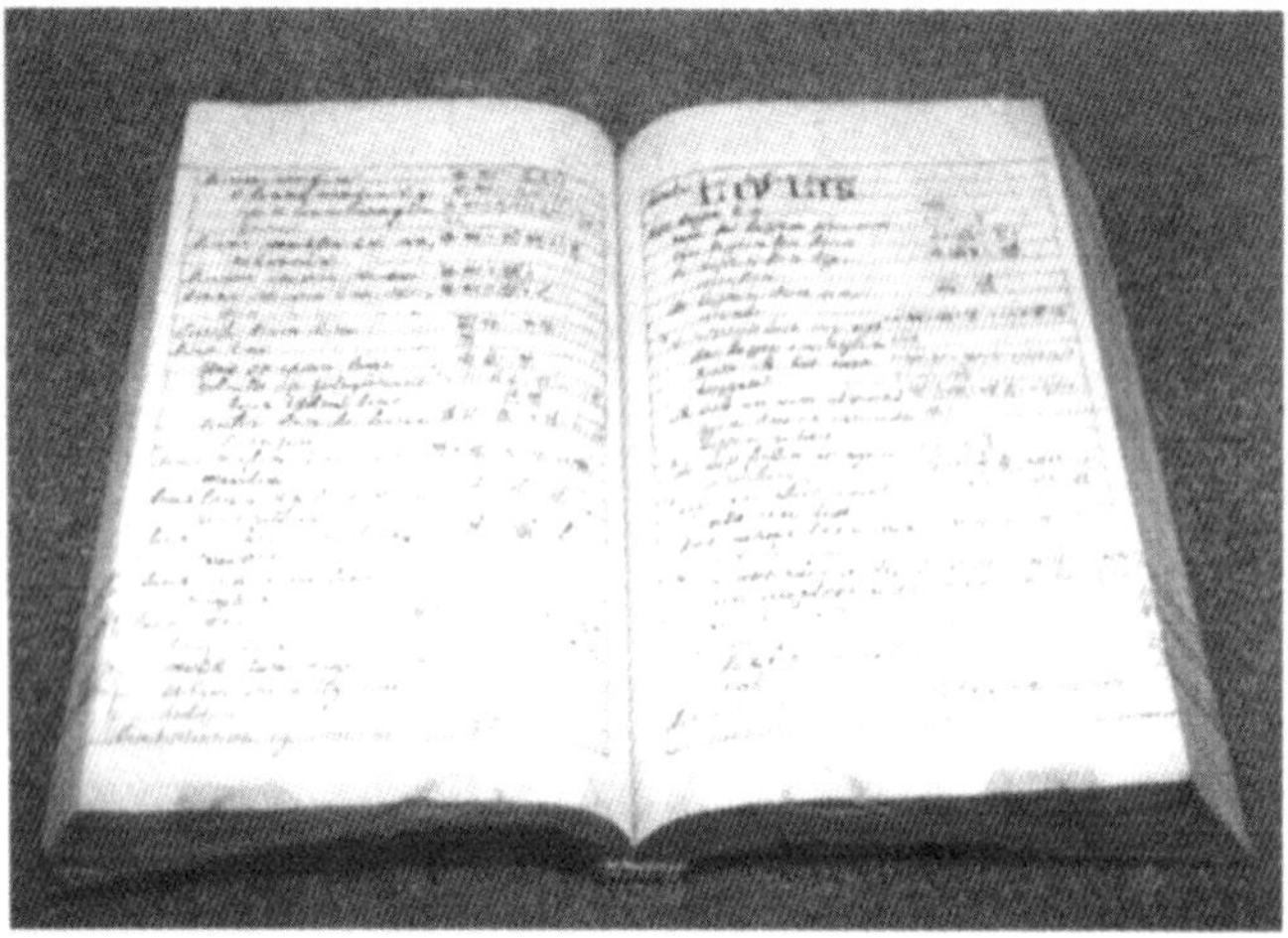

『ヅーフハルマ』（長崎歴史文化博物館蔵）

権之助が耕牛に勝るのは、その指導能力の高さである。彼のつくった蘭作文テキストは、吉雄一族も各地での指導に愛用した。だれでも短期間に蘭作文能力がつくという。これが、シーボルトの門弟たちが優れた蘭作文レポートを書きえた秘密である。シーボルトの門弟たちの多くは権之助のもとできたえられた者たちだった。それですでに蘭作文能力をもっていた。シーボルトが蘭語で蘭作文を教えれば、二十年はかかるだろう。権之助はシーボルトにも日本語を教え、ふたりはたがいに師であり生徒であった。オランダ人よりなめらかなオランダ語を話す権之助は、英語や仏語にも通じていた。シーボルトも「自分の著書は権之助なしではできなかった」と述べている。

このように権之助は、耕牛に匹敵もしくは凌駕する蘭学者であるが、父と違って、目立とう根性はない。もくもくと辞書づくりなど中堅の仕事を労を厭わず取り組む。本木正栄が制作トップとなる、わが国初の英和辞書と仏和辞書も相当中身を手伝っている。

杉本つとむ氏の『長崎通詞物語』にふたりの弟子である高野長英の手紙が載せられている。（ヅーフハルマ辞書は）「権之助先生の倦まざる勉強をもってできた。（この辞書の恩沢で）我々は（自在に）翻訳ができるのである」また、他の留学生の日記にも（権之助先生の）「その横文を解すること天下無比」とも書かれている。（）内は筆者挿入。

この日本最大の蘭和辞典『ヅーフハルマ（長崎ハルマ）』は長崎蘭学の金字塔である。普通の辞書である江戸ハルマと違い、例文が豊富で、辞書の枠を越えて書籍に近い。だれが読んでも実力がつくのだ。対外辞書としてはいまだにわが国最大のもので、なんといまでも使えるそうである。カピタン・ヅーフと長崎通詞団の共同作品であるが、作業の中核は吉雄権之助である。

この辞書が日本各地で蘭学を育てる。たとえば適塾の「ヅーフ部屋」といえば、たっ

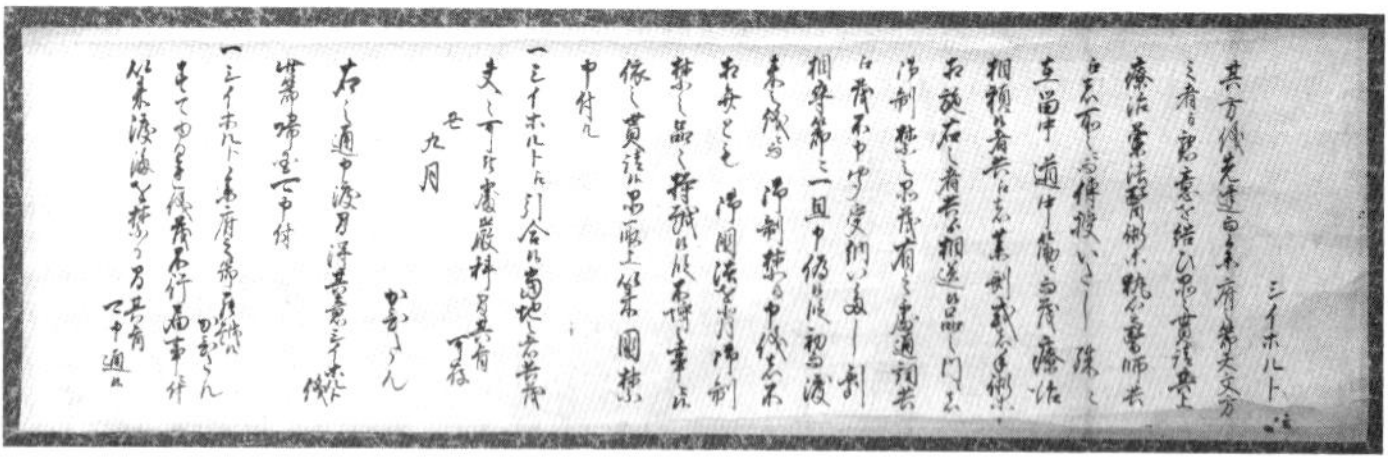

シーボルト国外追放達書（長崎歴史文化博物館蔵）

たひと揃いのこの宝の辞書が置かれてある部屋である。福沢諭吉以下、手塚了仙（手塚治虫の曾祖父）に至るまで有名人が、皆、この辞書で育っていく。代々の適塾の塾頭たちのうち、大鳥圭介や大村益次郎は医業を離れ、司令官となって関東や東北の野で戦った。福沢諭吉や長与専斉らは文明の旗頭として活躍した。また、江戸では勝海舟も二冊をコピーして生計の足しにした。皆吉雄権之助の世話になって育っている。そして蘭文法の深い分析は英文法に転化し、日本文法を育て、いまの文法中心の学校教育の骨格を形づくっている。

吉雄権之助はシーボルトに尽くし、吉雄塾で手術もさせ、自宅も塾生たちに開放した。しかし裏切られ、シーボルト事件に連座して連日厳しく取り調べられることとなる。地図をはじめとする膨大な機密の品を、紅毛人に渡した売国の容疑である。吉雄一族をあげて応援したシーボルトに裏切られ、長崎の町を縄つきで引かれていく権之助らに大勢の見物人たちの目は冷たく、今回もはりつけになるだろうと噂していた。父耕牛の大きな愛と深い指導に育てられ、同族や通詞団、全国から集まる門弟たちの尊敬を受けていた権之助には耐えられないことだったのだろう。一連のできごとと厳しい取り調べに、心身ともに打ちのめされ、その疲れで亡くなったという。実質牢死したようなものであるが、つぎに述べる吉雄忠次郎ほどに悲惨ではない。

吉雄忠次郎の業績と最期

江戸に呼ばれ、みごとな翻訳をおこなった馬場佐十郎を引きとめるため、「蛮書和解御用」の職が新たに置かれた。東京大学の起源とされる。

馬場は、江戸の蘭学者たちが読み取れないくだりをどこもスラスラと翻訳してみせた。驚く人々に、「皆様方は文法をご存じない」といったという。その後、馬場は研究を重ね、フランス語、英語、ロシア語などどの国の言葉も、志筑先生の文法で解釈できることを人々に教えた。馬場には「紅毛読書達人」というあだ名が奉呈され、蘭学は洋学となった。耕牛が蘭学の父なら、馬場は洋学の父である。

有名な黒澤映画「赤ひげ」の主人公は、馬場佐十郎の跡継ぎなのに、師（馬場）と友の宇田川榕菴《うだがわようあん》を裏切って長崎へ医学の修行へ飛び出した過去を持つ男という設定である。むろんフィクションであるが、赤ひげ先生は、各国語が自在だったということになる。「おまえは馬鹿なやつだ!」「きっといまに後悔するぞ!」といわれても、だれでも赤ひげ先生のもとに残りそうである。ちなみに弟《おとうと》弟子《でし》役の宇田川榕菴《ようあん》は、いまの理科の教科書用語の多くをつくった人である。元素、水素、炭素、窒素《ちっそ》、酸素、炭酸、物質、法則、試薬、装置、成分、結晶、蒸留、飽和、溶液、昇華、容積、燃焼、酸化、還元《かんげん》、温度など、挙げていけばきりがない。

馬場は過労で突然倒れたため、あの時点での跡継ぎは江戸の人にはまだ無理である。すぐに務まるのは、長崎に残る志筑の高弟の吉雄権之助、末次忠助《ただすけ》、吉雄忠次郎。実力は伯仲している。べつに吉雄俊蔵もいる。

こうして馬場佐十郎の跡継ぎとして、長崎から吉雄忠次郎が選ばれて赴任した。耕牛の仲の良い弟、作次郎の孫になる。吉雄権之助とともに「二雄」と呼ばれた長崎の大秀才で、馬場や権之助に負けない語学力を持ちながら博覧強記で漢学にも強い。耕牛のかつての親友、松村元綱のようである。

馬場、吉雄の指導により、江戸蘭学は急速に力を増してくる。前述の『蘭学事始附記』には、「吉雄忠次郎が来て、坪井信道らが育った」とある。坪井信道《しんどう》の門下生が緒方洪庵《こうあん》や川本幸民《こうみん》。川本幸民は島津斉彬に呼ばれ薩摩藩の工業を起こした。化学物理に強く、多くの教科書用語をつくっているが、「化学」も彼が確定した用語である。

一八二四年、水戸藩領の海岸にイギリス捕鯨船が着岸してトラブル。幕命で出向いた忠次郎が、数カ国語を自在に使って問題を解決したので皆が驚いた。水戸藩の記録に「蘭語の通訳いとめでとう、人にこえて数々の国の辞《ことば》に及びぬ」とあるそうだ。忠次郎は権之助がつくった英語辞書を示して、「次回はこの文を示せば、兵を動かすこともなく民も安らか。異人もこの文でその望みを通わせれば、自然にその心も知る」と述べたそうである。

（杉本つとむ『長崎通詞ものがたり』より要約）

この忠次郎もシーボルト事件に連座、はりつけは免れたが、雪深い東北の田舎で永《えい》蟄居《ちっきょ》（終生お預け）処分となる。禁固刑である。耕牛の緩い自宅での蟄居と違い、紙《し》墨《ぼく》も許されない厳しさだったという。南国の長崎育ちの忠次郎は、極寒の深い雪のなかの生活に耐えられず、最後は狂死したという。あたら馬場佐十郎級の人材を……。

吉雄俊蔵の業績と最期

吉雄俊蔵は、父耕牛を牢屋から救うために賄賂を使い、その罪で追放された吉雄定之助の子である。この人も大変な秀才で、江戸をはじめ各地で権之助のテキストを使ってオランダ語を上手に教え、最後は尾張徳川家の奥医師となった。また日本ではじめて雷管を完成させ、『粉砲考』を著したが、一八四三年、暴発した雷粉で負傷、それがもとで亡くなったという。

雷管とはなにか。火縄銃（マッチロック）は火打ち石銃（フリントロック）となり、幕末には雷管式の銃（管打式）に進化する。薬莢《やっきょう》（発射火薬ケース）の後部に雷管が埋め込まれてあり、そこをハンマーでたたいたらミニ爆発がおこり、薬莢内の火薬に引火、銃弾が飛び出す仕組みだ。銃砲弾の最終進化形＝クライマックス（極相）で、いまもこの形である。拳銃は進化の終わった工業製品の代表例とされる。空想兵器が山ほど出てくる「００７」や「ルパン三世」も、旧軍の拳銃を使っている。

文法上の業績としては『六格前篇』を著した。志筑が造語して馬場が補足した文法は、その後、だれが現在の形にしていったのかはよくわかっていない。幕末にはもうできあがっていてだれがつくったかわからないとくれば、たいていはシーボルト事件

長崎市内禅林寺にある吉雄耕牛の墓（中央）
左は吉雄作次郎（弟）右は吉雄権之助（子）

で消滅した長崎蘭学チームであることが多い。吉雄権之助や吉雄俊蔵あたりの名がいつもあげられる。吉雄家の功績は文法にも及ぶ。

いっぽう、杉田玄白の『蘭東事始』を、福沢諭吉は『蘭学事始』と改題して出版。ベストセラーとした。この本を日本近代化の原点として称揚することは、福沢の学統を華麗なものにする。杉田玄白↓大槻玄沢↓宇田川玄真↓坪井信道↓緒方洪庵↓福沢諭吉と連なるからである。第二章で述べたように、大槻玄沢の孫たちは、明治の国語界に名を成し、祖父の大槻玄沢を賞揚した。それで玄沢の師の杉田玄白は自然に蘭学の学祖となり、彼らを育てた吉雄耕牛と長崎通詞団を不当に貶めたこの本は、蘭学の聖典となっていった。

こうして日本近代化の助走と踏み切りをおこなった吉雄耕牛とその一族と弟子たち。彼らによる西欧学問との激闘は終わり、その栄誉は杉田玄白、シーボルト、福沢諭吉、大槻一族によって順に消されていき、歴史から失われた。

終わりに

耕牛の見た風景はどのようなものだったろうか。

旧平戸町は長崎の岬の港側。海を隔てた稲佐岳に夕日が沈む。戦前の長崎港も美しかったと私の母の世代はいう。

江戸時代はそこに、人間がつくり出したものでもっとも美しいといわれる西洋帆船が浮かんでいた。美の極みではなかろうか。入港のときの祝砲は万雷の轟《とどろ》くよう。周囲の山に反響し、船は煙で包まれる。煙が消えたときには帆を下ろしているそうだ。その早変わりの美にも皆驚いたそうである。定之助（耕牛）六歳のころ、大波止に象二頭が陸揚げされた。たぶん、吉雄邸の玄関先からも見下ろせただろう。

耕牛は唐大通詞の陽家の娘と結婚した。シーボルトの御用絵師である川原慶賀が描く絵巻のように、諏訪神社で見初めたのだろうか。それとも中国盆に大通詞の娘が中国服で現れたか。——いやいや家柄から考えて、まずは見合いだろう。家は東中町だと思う。いまは長崎駅と立山奉行所跡のあいだの静かな住宅街である。

吉雄耕牛は時代の脚光を浴びたが、のちには忘れられた。その子弟たちも一流だったが、盛名をなさず最期はおおむね悲惨であった。有名人はだれも時代の寵児である。その時代の流行を身にまとって一流となる。耕牛の場合は、将軍吉宗で父親が世に出て、耕牛本人が田沼バブルで全盛、寛政デフレの改革で処罰された。子孫も皆一流だったが、時代の服を美しくまとうことができなかっただけである。一流と二流の違いは、そのときの時代の運によるようである。

中学高校で苦しんだ文法や物理用語は皆はるかに遠い東京でつくられたものと漠然と思い込んでいた。それらをつくった者たちが、まさか自分の学校（片淵中）の校区の人々だったとは夢にも思わなかった。

古地図をあらためて眺めると、眼鏡《めがね》橋のたもとの親友の家は、同姓の町年寄の敷地だ。世が世ならば町年寄だったのか。いまはおたがいただの「町の年寄り」だ。当時、眼鏡橋の対岸は汚い家が川にせり出して並んでおり、現在のような風情はなかった。隣の市から通ってきていた旧大名のお嬢様は、わずか一万石でもお姫様扱いだった。それに比べ、十万石といわれた町年寄の後裔《こうえい》は、その純粋な長崎弁をからかわれるばかり。士農工商の身分差は現代にまで及んでいる。

いつも精霊《しょうろう》船を見物していた裁判所の土手は、町年寄・高嶋家の屋敷跡だったのか。耕牛邸の正面だ。涼しげな浴衣姿で現れる同級生の家は、くぐり戸から露地のつづく古い屋敷で、本木通詞邸と高嶋邸のあいだになる。通詞屋敷はあのような家だったのだろうか。洋式家具の置かれた二階の和室からは一段低い長崎の町を一望でき、まさにオランダ座敷だった。嶋原町の南端なので、平戸町の耕牛邸とは、長崎街道につづく国道を挟んで線対称の位置になる。むかしからビルの建ち並んでいた県庁前の旧六町にも、当時はまだ何軒かの屋敷が残っていたのだ。

それにしても行政には、最低でも志筑宅跡と本木宅跡に案内板を設置してほしい。県庁正面なので、民間ではつくりにくい。また、移転が予定されている長崎県警察跡地には吉雄邸、オランダ座敷を復元してもらいたい。庭にはナマケモノとワニとオランウータンの模型もほしい。

多少の金を惜しむなかれ。この地で日本近代化を成し遂げたオランダ通詞をまとめて顕彰することにより、江戸・東京中心に片寄った日本洋学史と近代史のゆがみを正すことができるのである。

（了）

あとがき

長崎学については、古賀十二郎はじめ幾多の諸先輩が雲のように聳《そび》えている。そのようななかで、オランダといえばアムステルダムの空港で迷子になったくらいの経験しかない一《いち》教師が、蘭通詞について書けるものだろうか。慣れぬ筆を執ったので、専門に研究されている方々からみれば、まちがいもさぞや多かろうと思う。

しかし教師でなければ書けない視点もあるかと思う。蘭学の単元の授業は、本木良永からはじめても、志筑忠雄からはじめても、馬場佐十郎からはじめてもうまくいかない。もちろん教科書に従って杉田玄白、前野良沢からではあまりに歴史の真実から遠い。吉雄耕牛ではじめると、江戸と長崎の縦横関係がすっきりして、どの蘭学者も適所に位置づけられ、上手に授業できるのである。それで吉雄耕牛を核にして蘭学を教えていたが、ただの郷土自慢のようで不安であった。大きな助けとなったのは、広瀬隆氏の大著『文明開化は長崎から』（集英社刊）の存在だ。しかしはたして史料の少ない吉雄耕牛で一冊の本が書けるものだろうか。

勤めを終えての夜中、多くの文献を渉猟《しょうりょう》して吉雄耕牛の姿を探す。すると江戸時代の有名人物の著書や史料のほうぼうから、その背後に吉雄耕牛が姿をのぞかせるので、しだいに楽しくなってきた。こうして諸欲を断って資料・史料の海を漂泊逍遙《しょうよう》。座椅子のまま寝込んで目を開くと、お茶とお菓子がお供えしてある。それをいただいてまた座ったまま涅槃《ねはん》にはいる。もう半年もつづけば即身仏であった。

長崎文献社の堀憲昭氏から励まされ、蘭通詞の生き字引・江越弘人先生から助けられ、なんとか書きあげることができたが、あとは吉雄権之助に問題が残る。彼は和蘭英の文法の謎を秘めたキーマンである。シーボルト事件により、長崎通詞団は史料とともに壊滅した。彼の事績はたぶん欧州にしか残っていない。欧州に赴き、シーボルトが残した多量の文書にあたらねばならない。

さいわい耕牛は国内の史料だけでもおおよその姿がつかめる。今回執筆にあたっては、愛知県がんセンター名誉総長の長与健夫氏の三つの論文に助けられた。ご先祖は大村氏に仕えた長与氏だそうだ。長与氏の論文にある四国の合田家が、耕牛の弟・作次郎を徳として、いまだに位牌《いはい》を祀《まつ》っていることに驚いた。そして感動した。

正史から忘れられても吉雄家の積善の徳は列島のどこかに残っているものである。

吉雄耕牛関係の年表

西暦	年代	年齢	耕牛の一生及び飼育動物　○は吉雄邸訪問者　※はその他のできごと
一七二四	享保九年	一	吉雄耕牛出生
一七三七	元文二年	十四	稽古通詞に任命される
一七四二	寛保二年	十九	父・吉雄藤三郎の逝去を受けて小通詞に昇格
一七四八	寛延元年	二五	大通詞に昇格
一七五二	宝暦二年	二九	○平賀源内来訪（推測）　○亀井南冥はこの頃からたびたび来訪
一七五五	五年	三二	○合田大介、兄の命で来崎入塾
一七六一	十一年	三八	江戸番通詞の折、中津藩主母の骨折を治療、藩医・前野良沢を助ける
一七六二	十二年	三九	○合田求吾入塾　○富永独嘯庵来訪
一七六五	明和二年	四二	※平賀源内、江戸でカピタン出題の知恵の輪を解く
一七六九	六年	四六	江戸番通詞の折、杉田玄白が入門、外科書を貸す
一七七〇	七年	四七	○平賀源内二回目、吉雄邸に長逗留して学ぶ　○前野良沢一回目の留学
一七七三	安永二年	五〇	『解体新書』序文執筆
一七七四	三年	五一	※江戸で『解体新書』刊行（部数は不明）　○前野良沢二回目の留学
一七七五	四年	五二	この頃綿羊を飼う　○林子平（初回）◎ツンベリーから梅毒治療法を習う
一七七七	六年	五四	○林子平二回目の遊学
一七七八	七年	五五	ロイアールト（なまけもの）を飼う　○三浦梅園来訪

一七八〇	九年	五七	ワニを飼う
一七八三	天明三年	六〇	※司馬江漢、江戸で銅版画を作製
一七八五	五年	六二	六二郎《ろくじろう》（吉雄権之助）誕生　〇大槻玄沢留学
一七八八	八年	六五	〇司馬江漢来訪　※大槻玄沢、江戸で『蘭学階梯』を刊行
一七九〇	寛政二年	六七	通詞目付に昇進　誤訳事件で処罰さる　戸締、入牢、出牢、町預
一七九一	三年	六八	判決　五カ年の蟄居
一七九二	四年	六九	蟄居中、オランウータン指導の命を受く
一七九六	八年	七三	蟄居終了
一七九七	九年	七四	蛮学指南役を拝命
一七九八	十年	七五	※江戸で蘭和辞書『ハルマ和解』（江戸ハルマ）全十三巻三十部刊行
一八〇〇	十二年	七七	吉雄耕牛没（七十七歳）
一八〇八	文化五年		※英軍艦フェートン号、蘭船を偽り長崎港へ侵入、奉行切腹
一八一〇	七年		※『ハルマ和解』の簡約版『訳鍵』全三巻計二百部刊行（藤林普山）
一八一四	十一年		※杉田玄白『蘭学事始』執筆翌年大槻玄沢校訂
一八二八	文政十一年		シーボルト事件起こる
一八三三	天保四年		※吉雄権之助を中心に作られた大辞書『ヅーフハルマ』完結（長崎ハルマ）五万語全五八巻三三部製作　幕府に提出

参考文献

広瀬隆『文明開化は長崎から』集英社2014
『蘭学のフロンティア志筑忠雄の世界』長崎文献社2007
片桐一男『阿蘭陀通詞今村源右衛門英生』丸善ライブラリー1995
片桐一男『江戸の蘭方医学事始―阿蘭陀通詞吉雄幸左衛門耕牛』丸善ライブラリー2000
杉本つとむ『長崎通詞物語』創拓社1990
古賀十二郎『長崎洋学史』長崎文献社1983
古賀十二郎『西洋医術伝来史』形成社1972
松尾龍之介『長崎蘭学の巨人志筑忠雄とその時代』弦書房2007
松浦静山　中村幸彦他校訂『甲子夜話続篇』平凡社1980
ツンベリー　高橋文訳『江戸参府随行紀』平凡社1994
『三浦梅園集（帰山録草稿）』岩波文庫1953
『日本随筆大成三期10巻（中陵漫録）』吉川弘文館1976
芳賀徹他校注『江漢西遊日記』平凡社1986
杉田玄白　緒方富雄校注『蘭学事始』岩波文庫2005
（杉田玄白他）芳賀徹編集『日本の名著22』中央公論社1971
（工藤平助）佐藤昌介編集『日本の名著25』中央公論社1972
江越弘人『長崎の歴史』弦書房2007
酒井シヅ『解体新書全現代語訳』講談社1998
越中哲也『慶応元年明細分限帳』長崎歴史文化協会1985
赤瀬浩『鎖国下の長崎と町人』長崎新聞社　2000
旗先好紀『長崎地役人総覧』長崎文献社　2012

長崎史談会『長崎名勝図絵』１９３１
安野眞幸『教会領長崎』講談社　２０１４
森島中良『紅毛雑話』国会図書館蔵
三浦梅園『帰山録』　〃
永富独嘯庵『漫遊雑記』　〃
大島明秀「志筑忠雄『阿羅祭亜来歴』の訳出とその書誌」雅俗12号２０１３
　catalog.lib.kyushu-u.ac.jp/handle/2324/.../gazoku_12.pdf
杉本つとむ「西洋草木譜とその翻訳経緯」
　(dspace.wul.waseda.ac.jp/dspace/handle/2065/43371)
鈴木康子　工藤平助「報国以言」と一八世紀後期の長崎貿易政策
　(hu.repo.nii.ac.jp/index.php?...1...1...　要確認)
長与健夫　合田求吾の『紅毛医言』について　１９９２日本医歯会雑誌
　(jsmh.umin.jp/journal/38-3/487-499.pdf　要確認)
『紅毛医術聞書』にみる合田大介のカンケル論　〃１９９５　〃
　(ci.nii.ac.jp/naid/10006346693　要確認)
古医方から蘭方・蘭学へ　〃２００６　〃
　jsmh.umin.jp/journal/52-2/305.pdf
酒井シヅ、小川鼎三『解体新書』出版以前の西洋医学の受容１９７８
　(iss.ndl.go.jp/books/R000000004-I1979069-00　要確認
高橋　文　日本におけるファン・スウィーテン水の受容　２００２日本医歯学雑誌
　jsmh.umin.jp/journal/48-4/575-595.pdf
野村立栄・羽栗三圭（吉雄常庵）・冨永晋二：『免帽降乗録』と江戸の蘭学徒　幸田正孝・佐光昭二　a.nii.ac.jp/.../110000468656.pdf?...

著者略歴

原口　茂樹（はらぐち　しげき）

昭和27年長崎市生まれ
昭和52年長崎大学教育学部卒業
同年より長崎県公立学校教員
平成25年定年退職
現在、活水高校非常勤講師

著作：県副読本・わたしたちの長崎県（共著）他

長崎偉人伝

吉雄耕牛

発行日　2017年11月20日　初版第1刷
著者　原口　茂樹（はらぐち　しげき）
発行人　片山　仁志
編集人　堀　憲昭
発行所　株式会社 長崎文献社
〒850-0057　長崎市大黒町3-1　長崎交通産業ビル5階
TEL095-823-5247　ファックス095-823-5252
HP:http://www.e-bunken.com
印刷・製本　株式会社 インテックス

ISBN978-4-88851-281-7　C0023